中国科学院规划教材·经济管理类实训教程系列

会计基础实训教程

张　林　宋永和　主编

科学出版社

北　京

内 容 简 介

本书内容包括会计凭证的填制和审核、登记账簿、编制财务报表及会计档案的管理，涵盖了基本的会计核算专门方法，包括了基本的会计核算程序和环节，有助于提高学生的会计基本技能。本书的主要特点是：内容体系完整；重点突出，详略得当；涉及行业范围较广；理论联系实际，具有较强的操作性。

本书可作为高等院校会计学、财务管理学、审计学等相关专业的教学用书，还可作为广大会计实务工作者自学及进修用书。

图书在版编目（CIP）数据

会计基础实训教程/张林，宋永和主编. —北京：科学出版社，2012
中国科学院规划教材·经济管理类实训教程系列
ISBN 978-7-03-034612-4

Ⅰ.①会… Ⅱ.①张… ②宋… Ⅲ.①会计学-高等学校-教材
Ⅳ.F230

中国版本图书馆 CIP 数据核字(2012)第 115701 号

责任编辑：兰 鹏 / 责任校对：张小霞
责任印制：阎 磊 / 封面设计：蓝正设计

科学出版社 出版
北京东黄城根北街 16 号
邮政编码：100717
http://www.sciencep.com

保定市中画美凯印刷有限公司印刷
科学出版社发行 各地新华书店经销

*

2012 年 6 月第 一 版 开本：787×1092 1/16
2012 年 6 月第一次印刷 印张：12
字数：256 000

定价：24.00 元

（如有印装质量问题，我社负责调换）

前　言

会计专业是一门实用性、操作性很强的专业。为培养高素质应用型会计学专业人才，培养学生的实践能力和应用能力，特地编写本教程。通过基础会计模拟实验，培训学生的基本书写技能，使学生熟悉凭证、账簿的种类；掌握各种凭证的填制、审核，各种账簿的登记与会计报表的编制；全面掌握会计账务处理程序，为实际工作打下坚实的基础。在实验过程中，学生应根据实验要求规范操作，认真完成每项实验任务，巩固和提高基础会计课堂教学效果，培养严谨、务实、负责的工作态度和作风。

本书共分六章，第一章由张林编写；第二章至第四章由常纪锋编写；第五章由张林、宋永和编写；第六章由宋永和编写。

本书在编写过程中，参考借鉴了国内许多同类优秀著作，在此向各位专家学者表示衷心的感谢。由于时间仓促，本书难免存在疏漏之处，望广大读者朋友批评指正！

作者

2012 年 3 月

目　录

第一章

会计基本书写技能实训

一、阿拉伯数字的书写

【实训目的】

通过本实训让学生掌握阿拉伯数字的标准写法和阿拉伯数字书写的基本技能，做到书写规范、清晰、流畅。

【实训操作】

请在下面横线上规范书写阿拉伯数字 0、1、2、3、4、5、6、7、8、9。

____

二、汉字大写数字的书写

【实训目的】

通过本实训让学生掌握汉字大写数字和数位名称专用汉字的标准写法，掌握汉字大写数字和数位名称专用汉字书写的基本技能，做到书写规范、清晰、流畅。

【实训操作】

（1）请根据“业务发生额”填写“小写金额栏”和“大写金额栏”。

业务发生额	小写金额栏	大写金额栏
1.￥3.50（示例）	￥3.50	人民币：叁元伍角整
2.￥0.08		
3.￥17.03		
4.￥43.00		
5.￥360.21		
6.￥5 689.24		
7.￥232 456.78		
8.￥210 034.96		
9.￥9 876 567.60		
10.￥192 076 843.61		

(2) 黑龙江松北贸易公司从哈尔滨大商实业股份公司购入一批货物，价款共计204 136 589.57元。请代黑龙江松北贸易公司开出转账支票一张。其他相关信息如下。

出票日期：20×2 年 10 月 8 日。

黑龙江松北贸易公司在中国工商银行松北支行的银行账号为120398399094489899。

请根据业务填写一张中国工商银行转账支票。

中国工商银行转账支票存根（黑）

GM/02 02418163

附加信息

出票日期　年　月　日

收款人：	
金　额：	
用　途：	

单位主管　会计

中国工商银行 INDUSTRIAL AND COMMERCIAL BANK OF CHINA 转账支票（黑） GM/02 02418163

出票日期（大写）　年　月　日　付款行名称：

收款人：　出票人账号：

本支票付款期限十天

人民币（大写）	亿	千	百	十	万	千	百	十	元	角	分

用途

上列款项请从

我账户内支付

出票人签章

黑龙江松北贸易公司司财务专用章　常烁瑞印

复核　记账

(3) 黑龙江松北贸易公司要从中国建设银行电汇 67 854 220 元至上海宏图实业股份公司，相关信息如下。

黑龙江松北贸易公司开户银行：中国建设银行松北支行，账号：1508394827163748291。

上海宏图实业股份公司开户银行：中国工商银行上海路支行，账号：13783995039284928398。

请代填制电汇凭证一份。

中国建设银行 China Construction Bank

电　汇　凭　证

币别：　年　月　日　流水号：

汇款方式		□普通　□加急		
汇款人	全　称		全　称	
	账　号		账　号	
	汇出行名称		汇入行名称	
金额	（大写）			亿 千 百 十 万 千 百 十 元 角 分
			支付密码	
			附加信息及用途：	
			此汇款支付给收款人。	
			客户签章	

第一联　银行记账凭证

会计主管　授权　复核　录入

中国建设银行
China Construction Bank

电　汇　凭　证

币别：　　　　　　　　　　　　　　　年　　　月　　　日　　　　　　　　　　流水号：

<table>
<tr><td colspan="2">汇款方式</td><td colspan="14">□普通　　　□加急</td></tr>
<tr><td rowspan="3">汇款人</td><td>全　称</td><td colspan="2"></td><td>全　称</td><td colspan="11"></td></tr>
<tr><td>账　号</td><td colspan="2"></td><td>账　号</td><td colspan="11"></td></tr>
<tr><td>汇出行名称</td><td colspan="2"></td><td>汇入行名称</td><td colspan="11"></td></tr>
<tr><td rowspan="2">金额</td><td colspan="3" rowspan="2">（大写）</td><td></td><td>亿</td><td>千</td><td>百</td><td>十</td><td>万</td><td>千</td><td>百</td><td>十</td><td>元</td><td>角</td><td>分</td></tr>
<tr><td></td><td></td><td></td><td></td><td></td><td></td><td></td><td></td><td></td><td></td><td></td><td></td></tr>
<tr><td colspan="3" rowspan="3"></td><td colspan="13">支付密码</td></tr>
<tr><td colspan="13">附加信息及用途：</td></tr>
<tr><td colspan="13">此汇款支付给收款人。
客户签章</td></tr>
</table>

会计主管　　　　　　　授权　　　　　　　复核　　　　　　　录入

第二联　客户回单

第二章

会计凭证的填制与审核技能实训

一、原始凭证的填制

【实训目的】

通过本实训，掌握原始凭证的基本内容、填制方法和原始凭证填制的要求。从感性上认识原始凭证，进一步理解原始凭证的产生与所发生经济业务之间的内在联系。

【实训操作】

会计主体基本情况。

名称：哈尔滨铭刻实业有限公司

企业法人代表：刘晓华　　地址：哈尔滨市大学路 124 号　电话：0451-84865092

税务登记号：184726374829033　开户行：中国工商银行松北支行　账号：1199191-7

［主要财务人员］会计主管：沈冬　会计：张彤　出纳：李罡

该企业增值税税率 17%，20×2 年 10 月份发生的部分经济业务如下：

(1) 10 月 7 日，根据工资结算汇总表，从银行提取现金，以备发工资。签发现金支票一张，金额 250 678.40 元。

中国工商银行现金支票存根

支票号码　**2010231**

科　目＿＿＿＿＿＿

对方科目＿＿＿＿＿＿

签发日期

收款人＿＿＿＿＿＿

金　额＿＿＿＿＿＿

用　途＿＿＿＿＿＿

单位主管　　会计

中国工商银行 INDUSTRIAL AND COMMERCIAL BANK OF CHINA　**现金支票**　支票号码 2010231

出票日期（大写）　　年　　月　　日　　付款行名称：工商行松北支行

收款人：　　出票人账号：1199191-7

本支票付款期限十天

人民币（大写）	千	百	十	万	千	百	十	元	角	分

用途＿＿＿＿＿＿

上列款项请从我账户内支付

出票人签章

科　目（借）＿＿＿＿＿＿

对方科目(贷)＿＿＿＿＿＿

付讫日期　　年　月　日

出　纳　　记账

复　核　　复核

（2）10 月 10 日，销售甲产品 10 台给哈尔滨机电公司，单价 200 元（不含税），适用增值税税率 17%，运费由购货方负担。款项收到并存入银行（哈尔滨机电公司，纳税人识别号：162738394040405；地址：千岛 86 号；开户行及账号：中国工商银行紫阳支行 2223344-91）。

黑龙江增值税专用发票

3307892142　　发票联　　No.00952279

开票日期：　　年　月　日　　黑税（05）第二版（4）

购货单位	名　　称： 纳税人识别号： 地址、　电话： 开户行及账号：					密码区		
货物或应税劳务名称	规格型号	单位	数量	单价	金额	税率	税额	
价税合计（大写）					（小写）¥			
销货单位	名　　称： 纳税人识别号： 地址、　电话： 开户行及账号：				备注			

收款人：　　复核：　　开票人：　　销货单位：（章）

第一联　记账联　销货方记账凭证

中国工商银行　转账支票

INDUSTRIAL AND COMMERCIAL BANK OF CHINA

支票号码 2010231

出票日期（大写）　　年　　月　　日　　付款行名称：工商行紫阳支行

收款人：　　出票人账号：1199191-7

本支票付款期限十天

人民币（大写）	千	百	十	万	千	百	十	元	角	分

用途________________

科　目（借）____________

对方科目（贷）____________

付讫日期　　年　月　日

上列款项请从我账户内支付

出票人签章

出　纳　　记账

复　核　　复核

中国工商银行进账单（收款通知） **3**

年　　月　　日　　　　　　　　第 25 号

收款人	全　称		付款人	全　称										
	账　号			账号或地址										
	开户银行			开户银行										
人民币（大写）					千	百	十	万	千	百	十	元	角	分
票据种类			收款人开户银行盖章											
票据张数														
单位主管　会计　复核　记账														

此联是银行给收款人的收账通知

（3）10 月 15 日，出纳员李罡将多余库存现金 4 500 元送存银行，填写现金缴款单一份（现金面额 100 元 40 张，面额 50 元 10 张）。

中国工商银行现金缴款单（收账通知）

年　　月　　日　　　　①

收款单位	全称			款项来源										
	账号		开户银行	交款单位										
人民币（大写）：					千	百	十	万	千	百	十	元	角	分
辅币	券别	伍角	贰角	壹角	伍分	贰分	壹分	收款员收讫						
	张数							复核员						
主币	券别	壹佰元	伍拾元	拾　元	伍　元	贰　元	壹　元							
	张数													

第一联　由银行盖章后退回单位

（4）10 月 16 日，采购员李丹到广州参加中国进出口商品交易会，预借差旅费 5 000元，经授权审批，出纳以现金支付。

借　据

年　　月　　日　　　　　　　　第 12 号

借款单位									
人民币（大写）：			十	万	千	百	十	元	角	分
借款事由：										
审批	审核	借款人								

(5) 10 月 18 日，销售乙产品 5 件给个体工商户张鸣，单价 100 元，收到现金 500 元，开具普通发票。

工业企业销售统一发票

购货单位：　　　　　　　　　　年　　月　　日　　　　　　　　　　No. 87621

品 名	规 格	单 位	数 量	单 价	金 额									备注
					百	十	万	千	百	十	元	角	分	
合 计 人民币	(大写)　佰　拾　万　仟　佰　拾　元　角　分　¥______													

第一联　记账联

制票人：　　　　　　收款人：　　　　　　单位盖章：

(6) 10 月 20 日，采购员李丹报销差旅费，填写差旅费报销单（往返飞机票各一张，单价 1 200 元，住宿费 900 元，市内车费 80 元，邮电费 50 元，公出补助标准每天 15 元，共 4 天），以上费用经批准同意报销。原借款 5 000 元，余款退回，并由出纳员开具收据一张。

差旅费报销单

单位：　　　　　　　　　　年　　月　　日

出发地				到达地				公出补助			车船飞机费	卧铺	宿费	市内车费	邮电费	其他	合计金额
月	日	时	地点	月	日	时	地点	天数	标准	金额							
合计人民币（大写）　　　　¥______																	
备　　　注																	

附件　张

主管：　　　　　　审核人：　　　　　　报销人：

收 据

年　　月　　日　　　　　　　　第18号

<table>
<tr><td colspan="6">今收到</td></tr>
<tr><td colspan="6">人民币（大写）：　　　　　　　　　　¥________</td></tr>
<tr><td colspan="4" rowspan="3">事由：</td><td colspan="2">现金</td></tr>
<tr><td colspan="2">支票第　　号</td></tr>
<tr><td colspan="2"></td></tr>
<tr><td>收款单位</td><td></td><td>财务主管</td><td></td><td>收款人</td><td></td></tr>
</table>

第二联 记账凭证

注：收据一般一式三联，第一联为存根，第三联为收据。

（7）10月25日，向长江股份有限公司购入A材料，预付货款20 000元，通过银行汇款。长江公司的开户银行：中国工商银行广州第一支行；账号：2320300303003。

中国工商银行 电汇凭证（回单）

应解汇款编号　2254号

委托日期　　年　　月　　日

<table>
<tr><td rowspan="3">汇款人</td><td>全　称</td><td colspan="3"></td><td rowspan="3">收款人</td><td>全　称</td><td colspan="3"></td></tr>
<tr><td>账　号
或住址</td><td colspan="3"></td><td>账　号
或地址</td><td colspan="3"></td></tr>
<tr><td>汇出
地点</td><td></td><td>汇出行
名称</td><td></td><td>汇入
地点</td><td></td><td>汇入行
名称</td><td></td></tr>
<tr><td colspan="7">人民币
（大写）</td><td colspan="3">千 百 十 万 千 百 十 元 角 分</td></tr>
<tr><td colspan="7">汇款用途：</td><td colspan="3">留行待取预留
收款人印鉴</td></tr>
<tr><td colspan="3">款项已收入收款人账户

汇入行盖章

年　月　日</td><td colspan="3">款项已收妥

收款人盖章

年　月　日</td><td colspan="4">账户（借）________
对方账户　（贷）________
汇入行解汇日期　　年　　月　　日
复核：×××　　出纳：××
记账：×××</td></tr>
</table>

此联汇出行给付款人的回单

（8）10月30日，购买B材料验收入库，数量1 000件，单价50元，金额50 000元，税额8 500元，运输费用500元，材料已验收入库。

入 库 单

仓库：三号仓库　　　　　年　　月　　日

品 名	数 量	单 位	单 价	金 额
合计				

第二联 记账凭证

记账：　　　　主管：　　　　收料：　　　　交库：

（9）10 月 30 日，按产品生产工时比例分配本月制造费用，编制制造费用分配表。本月“制造费用”借方发生额为 75 000 元，甲产品的生产工时为 30 000 小时，乙产品的生产工时为 20 000 小时。

制造费用分配表

车间：　　　　　　　　　　　　年　　月　　日

分配对象	分配标准/工时	分配率	分配金额

主管：　　　　　　　　　　审核：　　　　　　　　制表：

（10）10 月 30 日，材料核算员根据本月领料凭证编制本月发料凭证汇总表。

领料单

领料单位：生产车间　　　　　　　　　　　　　　　　　　　编号：01501
用　　途：生产甲产品　　　　20×2 年 10 月 10 日　　　　　仓库：一号仓库

材料类别	材料编号	材料名称及规格	计量单位	数量		单价	金额
				请领	实领		
原材料	030215	A 材料	千克	10	10	2 000	20 000
辅助材料		机油	千克	3	2	500	1 000
合计							21 000

领料部门负责人：唐仁　　　　领料人：张杉　　　　会计：张彤　　　　发料人：张英

领料单

领料单位：生产车间　　　　　　　　　　　　　　　　　　　编号：01502
用　　途：生产甲产品　　　　20×2 年 10 月 15 日　　　　　仓库：一号仓库

材料类别	材料编号	材料名称及规格	计量单位	数量		单价	金额
				请领	实领		
原材料	030212	3mm 铝材	吨	1	1	23 000	23 000
辅助材料		清洗剂	千克	10	10	100	1 000
合计							24 000

领料部门负责人：唐仁　　　　领料人：张杉　　　　会计：张彤　　　　发料人：张英

领料单

领料单位：生产车间　　　　　　　　　　　　　　　　　编号：01513

用　　途：机器日常修理　　　20×2 年 10 月 16 日　　　仓库：一号仓库

材料类别	材料编号	材料名称及规格	计量单位	数量		单价	金额
				请领	实领		
修理用备件	068575	螺丝	个	20	20	15	300
合计							300

领料部门负责人：唐仁　　　领料人：张杉　　　会计：张彤　　　发料人：张英

领料单

领料单位：管理部门　　　　　　　　　　　　　　　　　编号：01524

用　　途：修理线路　　　20×2 年 5 月 20 日　　　仓库：一号仓库

材料类别	材料编号	材料名称及规格	计量单位	数量		单价	金额
				请领	实领		
辅助材料	053478	3mm 电线	米	200	200	8	1 600
合计							1 600

领料部门负责人：唐仁　　　领料人：张杉　　　会计：张彤　　　发料人：张英

领料单

领料单位：生产车间　　　　　　　　　　　　　　　　　编号：0251

用　　途：生产甲产品　　　20×2 年 10 月 22 日　　　仓库：二号仓库

材料类别	材料编号	材料名称及规格	计量单位	数量		单价	金额
				请领	实领		
原材料	032584	钢材	吨	1	1	5 000	5 000
合计							5 000

领料部门负责人：唐仁　　　领料人：张杉　　　会计：张彤　　　发料人：刘东

领料单

领料单位：生产车间　　　　　　　　　　　　　　　　　　编号：0252

用　　途：机器日常修理　　　　20×2 年 10 月 25 日　　　　仓库：二号仓库

材料类别	材料编号	材料名称及规格	计量单位	数量		单价	金额
				请领	实领		
修理用备件	067423	小型电机	台	1	1	1 200	1 200
合计							1 200

领料部门负责人：唐仁　　　领料人：张杉　　　会计：张彤　　　发料人：刘东

领料单

领料单位：管理部门　　　　　　　　　　　　　　　　　　编号：0253

用　　途：维修　　　　　　　20×2 年 10 月 26 日　　　　仓库：二号仓库

材料类别	材料编号	材料名称及规格	计量单位	数量		单价	金额
				请领	实领		
辅助材料	053211	铁皮	平方米	10	10	90	900
合计							900

领料部门负责人：吴刚　　　领料人：王丽　　　会计：张彤　　　发料人：刘东

限额领料单

领料单位：生产车间　　　　20×2 年 10 月　　　　发料仓库：三号仓库

用途：生产乙产品　　　　　　　　　　　　　　　编号：0351

计划产量：100 台　　　　　　　　　　　　　　　材料单价：50元

材料类别	材料名称	规格	计量单位	领用限额	全月实领
原材料	B 材料	6120 型	件	500	500
领料日期	请领数量	实发数量	领料人签章	发料人签章	限额结余
10 月 8 日	90	90	张杉	许红	410
10 月 10 日	85	85	张杉	许红	325
10 月 16 日	90	90	张杉	许红	235
10 月 20 日	70	70	张杉	许红	165
10 月 25 日	80	80	张杉	许红	85
10 月 28 日	90	85	张杉	许红	0
合计	505	500			

发料凭证汇总表

年　月　日

	生产车间		车间一般耗用	管理部门	合计
	生产甲产品	生产乙产品			
原料及主要材料					
辅助材料					
外购半成品					
修理用备件					
燃料					
合计					

会计主管：沈冬　　　　审核：沈冬　　　　制表：张彤

（11）10月30日，对工资进行汇总，并根据工资结算汇总表编制本月工资费用分配表。

工资结算汇总表

年　月　日

车间和部门	应付工资				代扣款项			实发工资
	基本工资	经常性资金	津贴补贴	应付工资合计	保险金	个人所得税	合计	
生产车间工人	150 000	20 000	6 000		1 200	6 500		
生产甲产品工人								
生产乙产品工人								
车间管理部门	8 000	1 200	240		650	80		
企业管理部门	60 000	6 000	1 200		4 500	1 400		
销售机构人员	25 000	1 600	600		200	610		
合　计								

主管：　　　　审核：　　　　制表：

工资费用分配汇总表

年　月　日

应借科目		分配标准/工时	分配率	分配金额
生产成本	甲产品	30 000		
	乙产品	20 000		
	小　计			
制造费用				
管理费用				
销售费用				
合　计				

主管：　　　　审核：　　　　制表：

（12）5 日，经会计主管王薇同意，以电子汇兑方式偿还文昌市炉料站账款 12 080 元。请代出纳员填制电子汇兑凭证，并办理汇款业务。汇入行名为中国工商银行文昌市支行，账号为 231269222123。

中国工商银行电子汇兑凭证（回单）

委托日期　　年　月　日　　**1**　　第006号

汇款人	全　称		收款人	全　称	
	账号或住址			账号或住址	
	汇出地点　省　市县	汇出行名		汇入地点　省　市县	汇入行名
金额	人民币（大写）				千百十万千百十元角分
汇款用途：			汇出行盖章		
单位主管　会计　复核　记账			年　月　日		

汇出行给汇款人的回单

中国工商银行电子汇兑凭证（借方凭证）

委托日期　　年　月　日　　**2**　　第006号

汇款人	全　称		收款人	全　称	
	账号或住址			账号或住址	
	汇出地点　省　市县	汇出行名		汇入地点　省　市县	汇入行名
金额	人民币（大写）				千百十万千百十元角分
汇款用途：			科目(借) 对方科目(贷) 汇出行汇出日期　年　月　日 复核　记账		
此汇款支付给收款人。　电汇　汇款人签章					

汇出行作借方凭证

（13）5 日，经会计主管王薇同意，以电子汇兑方式偿还北京市实业公司账款 58 758元。请代出纳员填制电子汇兑凭证，并办理汇款业务。汇入行名为中国工商银行海淀支行，账号为 11205558796。

中国工商银行电子汇兑凭证

委托日期　　年　月　日　　**1**　　第005号

汇款人	全　称		收款人	全　称	
	账号或住址			账号或住址	
	汇出地点	省　市　县		汇入地点	省　市　县
	汇出行名			汇入行名	
金额	人民币（大写）				千百十万千百十元角分
汇款用途：			汇出行盖章		
单位主管　会计　复核　记账			复核　经办		

汇出行给汇款人的回单

中国工商银行**电子汇兑凭证**

委托日期　　年　　月　　日　　**2**　　第005号

汇款人	全　称		收款人	全　称	
	账号或住址			账号或住址	
	汇出地点	省　市　县		汇入地点	省　市　县
	汇出行名			汇入行名	
金额	人民币（大写）				千百十万千百十元角分
汇款用途：			汇出行盖章		
单位主管	会计	复核	记账	复核	经办

汇出行作借方凭证

第三联(汇出行数据录入依据)略。

（14）6日，一张商业承兑汇票到期，金额为53 400元。请代出纳员填制委托收款凭证，并办理委托收款业务。

商业承兑汇票

出票日期：贰零某贰年壹拾月零陆日　　**2**　　第012号

收款人	全　称	龙滨铸造厂	付款人	全　称	长春市电机厂
	账　号	402		账　号	415
	开户行及行号	工商行龙滨市支行204		开户行及行号	工商行南美支行201
汇票金额	人民币（大写）伍万叁仟肆佰元整				千百十万千百十元角分 ¥5340000
汇票到期日	贰零某贰年壹拾月零陆日		交易合同号		003
本汇票已经承兑，到期无条件付款。	长春市电机厂 20×2年10月6日 财务专用章 承兑人盖章		长春市电机厂 20×2年10月6日 财务专用章		签发人盖章

收款人开户行随委托收款凭证寄付款人开户行转付款人

负责　周涛　　　年　　月　　日　　汇票签发人盖章

委邮　　**委托收款凭证**（回单）　**1**

委托日期　　年　　月　　日　　委托号码:011

付款人	全　称		收款人	全　称		
	账号或地址			账　号		
	开户银行			开户银行		行号
委收金额	人民币（大写）					千百十万千百十元角分
款项内容		委托收款凭据名称		附寄单证张数		
备注：		款项收妥日期 年　月　日		收款人开户行盖章　　月　日		

收款人开户行给收款人的回单

单位主管　　会计　　复核　　记账

委邮

委托收款凭证（贷方凭证）　2

委托日期　　　年　　月　　日　　　　委托号码:011

付款人	全　称		收款人	全　称	
	账号或地址			账　　号	
	开户银行			开户银行	行号
委收金额	人民币（大写）				千百十万千百十元角分
款项内容		委托收款凭据名称		附寄单证张数	
备注：	上列委托收款随附有关单证请予办理收款 收款人盖章		科目(贷)…… 对方科目(借)…… 转账　年　月　日 复核　记账		

单位主管　　会计　　复核　　记账　　收款人开户行收到日期　　年　　月　　日

收款人开户行作贷方凭证

委邮

委托收款凭证（收账通知）　4

委托日期　　　年　　月　　日　　　　委托号码:011　　付款期限　　年　月　日

付款人	全　称		收款人	全　称	
	账号或地址			账　　号	
	开户银行			开户银行	行号
委收金额	人民币（大写）				千百十万千百十元角分
款项内容		委托收款凭据名称		附寄单证张数	
备注：			收款人开户行盖章 年　月　日		

单位主管　　会计　　复核　　记账　　付款人开户行收到日期　　年　　月　　日

收款人开户行收妥款项后给收款人的收账通知

委邮

委托收款凭证（付款通知）　5

委托日期　　　年　　月　　日　　　　委托号码:011　　付款期限　　年　月　日

付款人	全　称		收款人	全　称	
	账号或地址			账　　号	
	开户银行			开户银行	行号
委收金额	人民币（大写）				千百十万千百十元角分
款项内容		委托收款凭据名称		附寄单证张数	

单位主管　　会计　　复核　　记账　　付款人开户行盖章　　年　　月　　日

付款人开户行给付款人的付款通知

（15）20×2 年 1 月 7 日，销售部门根据“005 号产品购销合同”，向异地客户发运一批产品。请代出纳员根据发票和货票填制托收承付凭证，并办理托收业务。

黑税哈字(20×2)

黑龙江省增值税专用发票

全国统一发票监制章
税务局监制

开票日期：20×2年1月7日　　发　票　联　　No. 008

购货单位				
购货单位	名　称	大连电机厂	纳税人登记号	231
购货单位	地址、电话	安心街1号3460088	开户银行及账号	工商行大连市分行460

商品或劳务名称	计量单位	数量	单价	金额 百	十	万	千	百	十	元	角	分	税率(%)	税额 百	十	万	千	百	十	元	角	分
18千瓦电机壳	套	922	100.00			9	2	2	0	0	0	0	17			1	5	6	7	4	0	0
合　计					¥	9	2	2	0	0	0	0			¥	1	5	6	7	4	0	0

价税合计(大写)　⊗佰壹拾零万柒仟捌佰柒拾肆元零角零分　　¥107 874.00

销货单位				
销货单位	名　称	龙滨铸造厂	纳税人登记号	123
销货单位	地址、电话	工厂街1号4602772	开户银行及账号	工商行龙滨市支行　402

收款人：(名章)　　开票单位（未盖公章无效）发票专用章

第二联 发票联 购货方记账

黑税哈字(20×2)

黑龙江省增值税专用发票

全国统一发票监制章
税务局监制

开票日期：20×2年1月7日　　抵　扣　联　　No. 008

购货单位				
购货单位	名　称	大连电机厂	纳税人登记号	231
购货单位	地址、电话	安心街1号3460088	开户银行及账号	工商行大连市分行460

商品或劳务名称	计量单位	数量	单价	金额 百	十	万	千	百	十	元	角	分	税率(%)	税额 百	十	万	千	百	十	元	角	分
18千瓦电机壳	套	922	100.00			9	2	2	0	0	0	0	17			1	5	6	7	4	0	0
合　计					¥	9	2	2	0	0	0	0			¥	1	5	6	7	4	0	0

价税合计(大写)　⊗佰壹拾零万柒仟捌佰柒拾肆元零角零分　　¥107 874.00

销货单位				
销货单位	名　称	龙滨铸造厂	纳税人登记号	123
销货单位	地址、电话	工厂街1号4602772	开户银行及账号	工商行龙滨市支行　402

收款人：(名章)　　开票单位（未盖公章无效）发票专用章

第三联 抵扣联 购货方交税务机关

哈尔滨铁路局货票

黑税(20×2)　　20×2年1月7日　　黑龙江省税务局监制　　运输号 No. 006

发站	龙滨	到站	大连	车种车号	C123	施封号		运价里程	800公里
托运人	名称	龙滨铸造厂			收货人	名称	大连电机厂		
	住址、电话	工厂街1号4602772				住址、电话	安心街1号3460088		

货物名称	件数	包装	货物重量(公斤)		计费重量	运价率	现付费用	
			托运人确认	承运人确认			费别	金额
电机壳	300	木箱	5 700	5 700	5 700	0.30	运费	1 710.00
							过秤费	96.00
							装车费	120.00
							其他	
							合计	1 926.00

第三联　托运人报销凭证

经办人：(名章)　　发站承运日期20×2年1月7日　　龙滨铁路分局运费结算专用章

邮

中国工商银行托收承付凭证(回单)　1

托收日期　　年　　月　　日　　　委托号码:021

付款人	全称		收款人	全称			
	账号或地址			账号			
	开户银行			开户银行		行号	
托收金额	人民币（大写）				千百十万千百十元角分		
附件张数		商品发运情况		合同名称号码			
备注：		款项收妥日期 年　月　日		收款人开户行盖章 年　月　日			

收款人开户行给收款人的回单

单位主管　　会计　　复核　　记账

邮　中国工商银行**托收承付凭证**(贷方凭证) **2**

委托日期　　年　　月　　日　　　　托收号码:021

付款人	全　称		收款人	全　称		
	账号或地址			账　号		
	开户银行			开户银行		行号
托收金额	人民币（大写）					千 百 十 万 千 百 十 元 角 分
附件张数		商品发运情况		合同名称号码		
备注：	上列托收款项随附有关单证等件，请予办理托收。 收款人盖章			科目(贷) …………… 对方科目(借) …………… 转账　　年　月　日 复核　　记账		

收款人开户行收到日期　　年　　月　　日

收款人开户行作贷方凭证

邮　中国工商银行**托收承付凭证**(收账通知) **4**

托收号码:021

承付期限
到期　年　月　日

委托日期　　年　　月　　日

付款人	全　称		收款人	全　称		
	账号或地址			账　号		
	开户银行			开户银行		行号
托收金额	人民币（大写）					千 百 十 万 千 百 十 元 角 分
附件张数		商品发运情况		合同名称号码		
备注：	上列款项已由付款人开户行全额划回并收入你方账户内。 此　致 收款人开户行盖章 年　月　日			科目 …………… 对方科目 …………… 转账　　年　月　日 单位主管　　会计 复核　　记账		

付款人开户行收到日期　　年　　月　　日　　支付日期　　年　　月　　日

收款人开户行收妥款项后给收款人的收账通知

邮

中国工商银行**托收承付凭证**（承付/支款通知）　**5**　　托收号码：021

承付期限
到期　年　月　日

委托日期　　年　　月　　日

付款人	全　称		收款人	全　称		
	账号或地址			账　号		
	开户银行			开户银行		行号
托收金额	人民币（大写）				千 百 十 万 千 百 十 元 角 分	
附件张数		商品发运情况		合同名称号码		
备注：		付款人注意： 1. 根据结算办法规定，上列托收款项，在承付期限内未拒时，即视同全部承付。如系全额支付即以此联代支款通知；如遇延付或部分支付时，再由银行另送延付或部分支付的支款通知。 2. 如需提前承付或多承付时，应另写书面通知送银行办理。 3. 如系全部或部分拒付，应在承付期限内另填拒付理由书送银行办理。				

单位主管　　会计　　复核　　记账　　付款人开户行盖章　　年　　月　　日

收款人开户行给付款人的承付（支款）通知

（16）1月7日，采购员杨发根据发票填制收料单，并办理材料入库手续。请代采购员填制收料单，代保管员办理入库手续，代材料会计审核并填写单价。

黑税哈字(20×2)

黑龙江省增值税专用发票

全国统一发票监制章 税务局监制

开票日期：20×2年1月7日　　　发　票　联　　　No. 008

购货单位	名　称	龙滨铸造厂		纳税人登记号		123	
	地址、电话	工厂街1号4602722		开户银行及账号		工商行龙滨市分行 20412436571	
商品或劳务名称		计量单位	数量	单价	金额（百 十 万 千 百 十 元 角 分）	税率(%)	税额（百 十 万 千 百 十 元 角 分）
工作服		套	50	26.00	1 3 0 0 0 0	17	2 2 1 0 0
合　　计					¥1 3 0 0 0 0		¥2 2 1 0 0
价税合计(大写)		⊗佰⊗拾⊗万壹仟伍佰贰拾壹元零角零分			¥1 521.00		
销货单位	名　称	龙滨市劳保用品商店		纳税人登记号		404	
	地址、电话	林木街2号4608845		开户银行及账号		沿江分理处　435	

第二联　发票联　购货方记账

收款人：张健　　　　开票单位（未盖公章无效）发票专用章

收　料　单

发票号：　　　　　　　　　　　　年　　月　　日　　　　　　　　　　No. 004

供应单位				材料类别及编号			
材料名称及规格	计量单位	数量		实际成本			
		发票	实收	发票价格	运杂费	合　计	单　价
核算		保管		检验		交库	

一　存根

收　料　单

发票号：　　　　　　　　　　　　年　　月　　日　　　　　　　　　　No. 004

供应单位				材料类别及编号			
材料名称及规格	计量单位	数　量		实　际　成　本			
		发票	实收	发票价格	运杂费	合　计	单　价
核算		保管		检验		交库	

二　记账联

二、原始凭证的审核

【实训目的】

通过原始凭证的审核实训，进一步熟悉原始凭证填制的要求，掌握原始凭证审核的基本内容，能够熟练地发现原始凭证中存在的问题，并在此基础上，基本掌握对不符合要求的原始凭证的一般处理方法。

【实训操作】

哈尔滨铭刻实业有限公司财务人员在20×2年9月1日至9月10日填制和接收的原始凭证中，有以下一些存在问题的原始凭证。

（1）9月1日，收到哈尔滨机电公司交来的一张用于支付货款的转账支票。

中国工商银行 INDUSTRIAL AND COMMERCIAL BANK OF CHINA　转账支票　　　　支票号码 2010231

出票日期（大写）贰零某贰年零玖月　　日　　　　付款行名称：工商行松北支行

收款人：　　　　　　　　　　　　　　　　　　　签发人账号：1199191–7

本支票付款期限十天

人民币（大写）	千	百	十	万	千	百	十	元	角	分
伍仟陆佰捌拾叁元					5	6	8	3	0	0

用途　购货款　　　　　　　　　　　　科　　目（借）

　　　　　　　　　　　　　　　　　　对方科目（贷）

　　　　　　　　　　　　　　　　　　付讫日期　　　年　　月　　日

上列款项请从我账户内支付　　　　　　出　纳　　　　记账

出票人签章　　　　　　　　　　　　　复　核　　　　复核

（印章：……电公司　财务专业；常锋纪印）

（a）请指出支票中存在的几处问题：

①……………………………………………………………………………………

②……………………………………………………………………………………

③……………………………………………………………………………………

④……………………………………………………………………………………

其中第________个问题导致该支票无效。

（b）处理方法：……………………………………………………………………

（2）9 月 3 日，从黑龙江长城机电公司购入乙产品，取得增值税专用发票的发票联（抵扣联略）如下：

黑龙江增值税专用发票

3307892142　　　　　　　　　发票联　　　　　　　　　No.00952279

开票日期：20×2年 9 月 3 日　　　　　　　　　　　　黑税（05）第二版（4）

购货单位	名　　称：哈尔滨铭刻实业有限公司 纳税人识别号：184726374829033 地址、电话：哈尔滨市大学路 124 号 开户行及账号：工商行松北支行				密码区		
货物或应税劳务名称	规格型号	单位	数量	单价	金额	税率	税额
乙产品		台	320	1 000.00	32 000.00	17%	5 440.00
合　计					32 000.00		5 440.00
价税合计（大写）	叁拾柒万肆仟肆佰元整				（小写）￥37 440.00		
销货单位	名　　称：黑龙江长城机电公司 纳税人识别号：330380110702933 地址、电话：胜利东路 88 号 开户行及账号：工行胜利支行				备注		

收款人：许红　　　复核：王青　　　开票人：张杉　　　销货单位：（章）

（a）请指出发票中存在的几处问题：

①……………………………………………………………………………………

②……………………………………………………………………………………

③……………………………………………………………………………………

其中第________个问题导致该发票无效。

（b）处理方法：……………………………………………………………………

（3）9 月 4 日，收到三号仓库交来的一张修理用备件入库单。

入库单

仓库：三号仓库　　　　　　　　20×2年 9 月 4 日

品名	数量	单位	单价	金额
各种修理用备件				16 000
合计				16 000

二 记账凭证

主管：　　　　　　　　收料：　　　　　　　　交库：周红

（a）请指出入库单中存在的几处问题：

①……………………

②……………………

③……………………

④……………………

其中第______个问题导致该入库单无效。

（b）处理方法：……………………

（4）9 月 8 日，采购员侯勇出差回公司报销差旅费。财务管理制度规定，因公出差住宿标准每人每天 200 元，伙食补助标准每人每日 15 元。侯勇根据有关原始单据如实填写差旅费报销单一张（附单据 10 张略）。

差旅费报销单

单位　　　　　　　　20×2年 9 月 8 日

出发地				到达地				公出补助			车船飞机费	住宿费	市内车费	其他	合计金额
月	日	时	地点	月	日	时	地点	天数	标准	金额					
2	6		杭州	2	6		北京				1 000		20	公文包 400	1 420
2	8		北京	2	8		杭州				1 000		25		1 025
								3	15	45		600		样品 2 000	
合计人民币（大写）	伍仟零玖拾元整													¥ 5 090.00	
备注								因公出差							

附件 10 张

主管：　　　　　　　　审核人：　　　　　　　　报销人：侯勇

(a) 请指出差旅费报销单中存在的几处问题：

①……………………………………………………………………

②……………………………………………………………………

③……………………………………………………………………

④……………………………………………………………………

其中第________个问题导致该差旅费报销单无效。

(b) 处理方法：……………………………………………………

(5) 10 月 10 日，由于排污被罚款 3 000 元，市环保局开来罚款收据一张。

收　据

20×2年 10 月 10 日　　　　第 21 号

今收到：哈尔滨铭刻实业有限公司					
人民币（大写）:叁仟元整				¥ 3 000.00	
事由：排污水罚款 现金收讫				现金	
				支票第　　号	
收款单位		财务主管		收款人	李丹

第三联　收据

(a) 请指出收据中存在的几处问题：

①……………………………………………………………………

②……………………………………………………………………

③……………………………………………………………………

其中第________个问题导致该收据无效。

(b) 处理方法：……………………………………………………

三、记账凭证的填制与审核

【实训目的】

通过本实训掌握正确的记账凭证编制方法，并能进行审核。同时进一步复习本章前两个实训的内容。

【实训操作】

会计主体资料同本章的实训一，为哈尔滨铭刻实业有限公司。该公司使用分类凭证，有收款凭证、付款凭证和转账凭证。20×2 年 10 月发生的部分经济业务如下。

(1) 10 月 8 日，从银行提取现金 3 200 元，以备零用。

中国工商银行现金支票存根
支票号码　014182
科　　目________
对方科目________
签发日期 20×2年 10月 8 日
收款人：哈尔滨铭刻实业有限公司
金额：3 200.00
用途：备用金
备注：
单位主管：沈冬　　会计：张彤

（2）10 月 9 日，采购员马耀出差，预借差旅费 1 000 元。

借款单

会账证 48 号

No.0004514

20×2年 10月 9 日

第　号

借款单位	供应科	姓名	马耀	级别		※	出差地点	成都
							天　数	5 天
事由	采购			借款金额（大写）		※ 壹仟元整　¥1 000.00		
实际报销金额	¥____	结余金额		¥____	注意事项	一、有※者由借款人填写 二、凡借用公款必须使用本单 三、第三联为正式借据，由借款人和单位负责人签章 四、出差返回后三日内结算		
		超支金额		¥____				
单位负责人签署	刘晓华	借款人签章		马耀	备注			

第三联　记账联

（3）10 月 9 日，出售 A 产品 2 台，单价 3 800 元，收到转账支票一张，已送存银行。

黑龙江增值税专用发票

3300054140　　发票联　　No.0004524

开票日期：20×2年10月9日　　黑税（05）第二版（4）

购货单位	名　　称：哈尔滨王兆电厂 纳税人识别号：330108644335781 地址、电话：建国路155号 84892227 开户行及账号：工行建国路支行 62533498	密码区

货物或应税劳务名称	规格型号	单位	数量	单价	金额	税率	税额
A产品		台	2	3 800.00	7 600.00	17%	1 292.00
合　计					7 600.00		1 292.00
价税合计（大写）捌仟捌佰玖拾贰元整				（小写）¥8 892.00			

销货单位	名　　称：哈尔滨铭刻实业有限公司 纳税人识别号：184726374829033 地址、电话：哈尔滨市大学路124号 87653211 开户行及账号：工商行松北支行 1199191-7	备注

第一联 记账联 销货方作为记账凭证

中国工商银行 进账单（收款通知） 1

20×2年10月9日　　第　号

收款人	全　称	哈尔滨王兆电厂	付款人	全　称	哈尔滨铭刻实业有限公司
	账　号	62533498		账号或地址	1199191-7
	开户银行	工行建国路支行		开户银行	工商行松北支行
人民币（大写）	捌仟捌佰玖拾贰元整			（小写）	¥8 892.00
票据种类	转账支票				
票据张数	1张				
单位主管　会计　复核　记账			收款人开户银行盖章		

此联是收款人开户行交给收款人的回单或收账通知

收款人：李罡　　复核：　　开票人：王伟　　销货单位：（章）

（4）10月12日，从福建购入甲材料一批，价款70 000元，运费2 100元，款项已付，材料尚未到达。

福建增值税专用发票

3500789141　　发票联　　**No.78295679**

开票日期：20×2年10月8日　　黑税（05）第二版（4）

购货单位
名　　称：哈尔滨铭刻实业有限公司
纳税人识别号：184726374829033
地址、电话：哈尔滨市大学路124号 87653211
开户行及账号：工商行松北支行　1199191-7

密码区

货物或应税劳务名称	规格型号	单位	数量	单价	金额	税率	税额
甲材料		吨	700	100.00	70 000.00	17%	11 900.00
合　计					70 000.00		11 900.00

价税合计（大写）捌万壹仟玖佰元整　　（小写）¥81 900.00

销货单位
名　　称：福建科达设备公司
纳税人识别号：350102611007523
地址、电话：洪山科技园 37033219
开户行及账号：福建工行南街分处 251162-927

备注

收款人：王林　　复核：　　开票人：张鸣　　销货单位：（章）

第三联 发票联 购货方记账凭证

福建增值税专用发票

3500789141　　发票联　　**No.78295679**

开票日期：20×2年10月8日　　黑税（05）第二版（4）

购货单位
名　　称：哈尔滨铭刻实业有限公司
纳税人识别号：184726374829033
地址、电话：哈尔滨市大学路124号 87653211
开户行及账号：工商行松北支行　1199191-7

密码区

货物或应税劳务名称	规格型号	单位	数量	单价	金额	税率	税额
甲材料		吨	700	100.00	70 000.00	17%	11 900.00
合　计					70 000.00		11 900.00

价税合计（大写）捌万壹仟玖佰元整　　（小写）¥81 900.00

销货单位
名　　称：福建科达设备公司
纳税人识别号：350102611007523
地址、电话：洪山科技园 37033219
开户行及账号：福建工行南街分处 251162-927

备注

收款人：王林　　复核：　　开票人：张鸣　　销货单位：（章）

第二联 抵扣联 购货方记作抵扣税款凭证

货 票

丙联 A No.048378　　委托号码：

计划号码或运输号码　　福州铁路局　　承运凭证：发站-托运人报

发站	福州	到站（局）	黑龙江	车种车号	（平）0108394		货车标重	3吨	托运人装车
托运人 名称	福建柯达设备有限公司			施封号码	372676				托运人/托运人
托运人 住址	洪山科技园	电话		铁路货车篷布号码	0103849287				
收货人 名称	哈尔滨铭刻实业有限公司								
收货人 住址	哈尔滨市大学路124号	电话		经由			运价里程	1 000km	
货物名称	件数	包装	货物重量/公斤 托运人确定	货物重量/公斤 承运人确定	计费重量	运货号	运价率	现付 费别	金额
甲材料	50		7 000	7 000	7 000			运费	2 100.00
								装费	
								过秤费	
								保险费	
记事	托运、收货人自己装卸							合 计	￥2 100.00

委托银行收款结算凭证（支款通知）

5

委托日期：20×2年 10 月 8 日

付款期限：　年　月　日
延期期限：　年　月　日

委邮

收款单位	全称	福建柯达设备有限公司	付款单位	全称	哈尔滨铭刻实业有限公司
	账号	15605265-3		账号或地址	1199191-7
	开户银行	福州工行南街支行		开户银行	工商行松北支行
委收金额	人民币（大写）	捌万肆仟元整			（小写）￥84 000.00
款项内容		委托收款凭据名称		附寄单证张数	1 张
备注	付款单位注意： 1: 根据结算方式规定，上列委托收款在付款期限内未拒付时，即视同全部同意付款，以此联代支款通知。 2. 如需提前付款或多付少付款时，应另写书面通知送银行办理。 3. 如系全部或部分拒付，应在付款期限内另填拒绝付款理由书送银行办理。				

单位主管　　会计　　复核　　记账　　付款单位开户行盖章

此联是付款单位开户银行通知和付款单位按期付款的通知

（5）10月18日，马耀出差回来后报销差旅费，多余现金退还财务科。

差旅费报销单

财会账证50号

单位：供应科　　　　　　　　　　20×2年10月18日

月	日	时间	出发地	月	日	时间	到达地	机票费	车船费	卧铺费	夜行车补助		市内交通费		宿费		出差补助		其他	合计
											小时	金额	实支	包干	标准	实支	天数	金额		
10	10	23:30	哈尔滨	10	12	7:10	郑州			401										401
10	14	18:15	沧州	10	16	9:10	哈尔滨			249				15	100	756	5	80		444
合计										650				15	100	756		80		¥845

出差任务	采购	报销金额　人民币（大写）　捌佰肆拾伍元整	预借金额　¥1 000
		单位领导　　部门负责　陈虹　　出差人：黄强	报销金额　¥845
			结余或超支　¥155

会计主管：　　　　记账：　　　　审核：　　　　附单据：玖张

收据

20×2年10月18日

兹收到　黄强

人民币（大写）：壹佰伍拾伍元整　　　　¥155.00 元

上款系：差旅费余款

收款单位（公章）：　　　　会计主管：　　　　收款人：

第二联　会计收款凭证

（6）10月18日，采购材料一批，价值34 000元，材料已验收入库，签发转账支票付款。

黑龙江增值税专用发票

3500789141　　　　发票联　　　　No.78295679

开票日期：20×2年10月18日　　　　黑税（05）第二版（4）

购货单位	名　　称：哈尔滨铭刻实业有限公司 纳税人识别号：184726374829033 地址、电话：哈尔滨市大学路124号 87653211 开户行及账号：工商行松北支行 1199191-7				密码区		
货物或应税劳务名称	规格型号	单位	数量	单价	金额	税率	税额
乙材料		吨	68	500.00	34 000.00	17%	5 780.00
合　计					34 000.00		5 780.00
价税合计（大写）叁万玖仟柒佰捌拾元整					（小写）¥39 780.00		
销货单位	名　　称：哈尔滨橡胶厂 纳税人识别号：456102611007987 地址、电话：工厂路138号 55786324 开户行及账号：工行工厂路分行 891162-961				备注		

收款人：李丽　　复核：　　开票人：睢阳　　销货单位：（章）

第一联　发票联　购货方作记账凭证

黑龙江增值税专用发票

3500789141　　　　发票联　　　　No.78295679

开票日期：20×2年10月18日　　　　黑税（05）第二版（4）

购货单位	名　　称：哈尔滨铭刻实业有限公司 纳税人识别号：184726374829033 地址、电话：哈尔滨市大学路124号 87653211 开户行及账号：工商行松北支行 1199191-7				密码区		
货物或应税劳务名称	规格型号	单位	数量	单价	金额	税率	税额
乙材料		吨	68	500.00	34 000.00	17%	5 780.00
合　计					34 000.00		5 780.00
价税合计（大写）叁万玖仟柒佰捌拾元整					（小写）¥39 780.00		
销货单位	名　　称：哈尔滨橡胶厂 纳税人识别号：456102611007987 地址、电话：工厂路138号 55786324 开户行及账号：工行工厂路分行 891162-961				备注		

收款人：李丽　　复核：　　开票人：睢阳　　销货单位：（章）

第二联　抵扣联　购货方记作抵扣税款凭证

入库单

单位：仓库　　　　　　　　20×2年 10 月 18 日

品名	单位	单价	数量	金额	备注
乙材料	吨	500.00	68	34 000.00	
合　计			68	34 000.00	
负责人：王勇		经手人：李泉			

二　记账凭证

中国工商银行转账支票存根
支票号码　023765
科　　目________
对方科目________
签发日期　20×2年 10 月 18 日
收款人：杭州橡胶厂
金额：39 780.00
用途：购材料
备注：
单位主管：沈冬　　会计：张彤

（7）10 月 22 日，收到重庆机械厂交来银行汇票一张，金额 5 800 元，偿还前欠部分货款。

中国工商银行进账单（收款通知）

20×2年 10 月 20 日　　　　　1

出票人	全　　称	重庆机械厂	收款人	全　　称	哈尔滨铭刻实业有限公司
	账　　号	043836-48		账　　号	1199191-7
	开户银行	工行杨家坪分行		开户银行	工商行松北支行
人民币（大写）	伍仟捌佰元整			（小写）￥5 800.00	
票据种类	银行汇票				
票据张数	1 张				
单位主管　会计　复核　记账			收款人开户银行盖章		

此联是收款人开户行交给收款人的收账通知

（8）10月24日，销售科报销招待来公司洽谈业务客户的餐饮费150元，以现金支付。

发票监制章

黑龙江省饮食业定额发票

HEILONGJIANG GATERING INDUSTRY GENERAL INVOICE

发票联

INVOICE

哈尔滨市区专用

发票代码：223010971116

INVOICE CODE

发票号码：**52848515**

INVOICE NUMBER

密码区

PASSWORD AREA

D S
F P

东北渔村餐饮有限公司
松北店
20×2.10.24
发票专用章

伍拾元

FIFITY YUAN

￥50.00

74839203-7483930-94837201

收款单位（盖章有效） 开票日期 年 月 日

PAYEE(SEAL) DATE ISSUED Y M D

发票监制章

黑龙江省饮食业定额发票

HEILONGJIANG GATERING INDUSTRY GENERAL INVOICE

发票联

INVOICE

哈尔滨市区专用

发票代码：223010971116

INVOICE CODE

发票号码：**65848579**

INVOICE NUMBER

密码区

PASSWORD AREA

D S
F P

东北渔村餐饮有限公司
松北店
20×2.10.24
发票专用章

壹佰元

ONE HUNDRED YUAN

￥100.00

56097111-6942093-96876541

收款单位（盖章有效） 开票日期 年 月 日

PAYEE(SEAL) DATE ISSUED Y M D

（9）10 月 25 日，开出现金支票一张，提取现金备发工资。该厂本月应发工资合计数为 134 182 元，实发工资合计数为 122 742 元。

中国工商银行现金支票存根

支票号码 014199

科　　目 ________

对方科目 ________

签发日期 20×2 年 10 月 25 日

收款人：	哈尔滨铭刻实业有限公司
金额：	122 742.00
用途：	发工资
备注：	

单位主管：沈冬　　会计：张彤

（10）10 月 30 日，生产车间为生产甲产品领用 A 材料 800 公斤，单价 12 元，B 材料 500 公斤，单价 8 元，共计 13 600 元。

出库单

单位：仓库　　20×2 年 10 月 18 日

货号	品名	单位	单价	数量	金额	备注
	A材料	公斤	12.00	800	9 600.00	
	B材料	公斤	8.00	500	4 000.00	
	合计				￥13 600.00	

二　记账凭证

负责人：王勇　　经手人：李泉

【实训要求】

根据以上原始凭证，按分类法正确填制收款凭证、付款凭证或转账凭证，并将原始凭证从书上裁剪下来粘贴在对应的记账凭证后面作为附件。然后，按规定要求对做好的记账凭证认真地进行审核。

第三章

银行存款清查及银行存款余额调节表编制技能实训

【实训目的】

通过本实训掌握银行存款清查的方法以及银行存款余额调节表的编制方法。

【实训操作】

某企业 20×2 年 8 月 1～31 日银行存款日记账账面记录（表二）和银行对账单记录（表三）分别如下。

请将银行存款日记账与银行对账单进行核对，找出未达账项，并编制该企业 20×2 年 8 月份的银行存款余额调节表（表一），确定该企业的银行存款实有余额。

银行存款余额调节表

（表一）　　　　年　月　日　　　　单位：元

项目	金额	项目	金额
调节后的余额		调节后的余额	

银行存款日记账

(表二)　单位：元

20×2年		凭证号	摘要	结算凭证		对方科目	借方	贷方	余额
月	日			种类	号数				
8	1		月初余额						379 000
	2	银付 701	购入材料	转支	＃2601	在途物资		46 500	332 500
	5	银付 702	偿付货款	转支	＃2602	应付账款		35 300	297 200
	7	银付 703	提取现金	现支	＃8201	库存现金		2 500	294 700
	15	银付 704	付广告费	转支	＃2603	销售费用		35 700	259 000
	17	银收 701	收回货款	委收	＃1001	应收账款	26 800		285 800
	20	银付 705	付保险费	转支	＃2604	管理费用		38 500	247 300
	21	银付 706	代垫运费	转支	＃2605	应收账款		4 500	242 800
	22	银付 707	付差旅费	现支	＃8202	其他应收款		2 000	240 800
	24	银收 702	销售产品	委收	＃1002	主营业务收入	17 450		258 250
	25	银付 708	购入设备	汇票	＃2003	固定资产		55 900	202 350
	25	银收 703	预收货款	转支	＃3305	预收账款	93 880		296 230
	26	银付 709	购办公品	转支	＃2606	管理费用		1 000	295 230
	26	银付 710	付养路费	转支	＃2607	管理费用		2 300	292 930
	27	银付 711	预付货款	转支	＃2608	预付账款		48 500	244 430
	28	银收 703	收回货款	委收	＃1003	应收账款	15 890		260 320
	29	现付 715	存入现金	回单	＃26	库存现金	500		260 820
	30	银付 712	付差旅费	现支	＃8203	其他应收款		1 280	259 540
8	31		本月合计				154 520	273 980	259 540

银行对账单

(表三)　单位：元

20×2年		结算凭证		摘要	借方	贷方	余额
月	日	种类	号数				
8	1						379 000
	2	转支	＃2601	支付货款	46 500		
	7	现支	＃8201	提取现金	2 500		
	8	转支	＃2602	付货款	35 300		
	15	转支	＃2603	付广告费	35 700		
	16	特转	＃1528	存款利息		4 400	
	22	现支	＃8202	提差旅费	2 000		
	23	转支	＃2604	付保险费	38 500		
	24	转支	＃3305	存入货款		93 880	
	26	转支	＃2606	付办公用品款	1 000		
	27	专托	＃5615	付电话费	2 300		
	29	转支	＃2607	支付养路费	2 300		
	30	特转	＃1963	贷款利息	2 000		
	30	存单	＃26	存入现金		500	
	30	专托	＃1580	支付水电费	3 300		
	31	委收	＃1521	代收运费		2 500	
	31	汇票	＃2003	购入设备	55 900		
8	31			本月合计	227 300	101 280	252 980

第四章

出纳业务实训案例

【实训目的】

通过本实训操作，使学生了解账簿的整体结构，熟悉登记账簿的一般要求，掌握三栏式现金日记账、银行存款日记账的登记方法。

【实训操作】

松北学海工厂为一般纳税人企业，20×2 年 9 月 30 日银行存款日记账余额为 437 862元，现金日记账的余额为 8 960 元。10 月上旬发生下列银行存款和现金收付业务（代替原始凭证）：

（1）1 日，销售产品 100 件，收到现金 2 340 元，其中，价款 2 000 元，增值税款 340 元。

（2）1 日，报销办公用品 600 元，审核无误后付给现金。

（3）1 日，开出现金支票，从银行提取现金 500 元。

（4）2 日，收回上月销售产品的货款 7 020 元存入银行。

（5）2 日，开出支票支付广告费 10 000 元。

（6）3 日，购进原材料，货款 10 000 元，增值税 1 700 元，共计 11 700 元，以转账支票付讫，原材料到达，验收入库。

（7）3 日，采购员预借差旅费 800 元，以现金支付。

（8）3 日，将银行存款 20 000 元存入信用卡。

（9）4 日，在外地银行开立临时采购账户，委托银行将 200 000 元汇往采购地。

（10）4 日，收到银行多余款项退回通知，将以前采购材料的银行汇票余款 900 元收妥入账。

（11）5 日，预收销货款 6 000 元存入银行。

（13）5 日，签发支票支付销售产品的运杂费 500 元。

（14）6 日，从银行提取现金 200 000 元，准备发放工资。

（15）6 日，以现金发放工资 200 000 元。

（16）7 日，采购材料，货款 30 000 元，增值税款 5 100 元，以银行本票付讫价款，材料入库。

(17) 7 日，收到银行转来收款通知，上级单位拨入的资金 100 000 元已收妥入账。

(18) 7 日，现金清查中发现长款 120 元，经反复核查，仍无法查明具体原因，经单位领导批准，将其转为企业的营业外收入。

(19) 8 日，用现金支付水电费 2 000 元。

(20) 8 日，以信用卡支付招待费 700 元。

(21) 8 日，委托银行汇出 20 000 元，预付材料部分货款。

(22) 8 日，采购人员报销差旅费，原借 1 000 元，实用 850 元，多余 150 元交回现金。

(23) 9 日，销售产品 5 000 件，货款 100 000 元，增值税款 17 000 元，共计 117 000 元，向银行办妥托收手续。

(24) 9 日，职工报销医药费 300 元，以现金付清。

(25) 9 日，车间购买工时记录卡，款项 80 元用现金支付。

(26) 9 日，用现金发放职工生活困难补助 500 元。

(27) 9 日，购买包装物 1000 元，签发转账支票付讫。

(28) 9 日，收到客户交来包装物押金 800 元现金。

(29) 10 日，以转账支票支付代扣房租 1 600 元。

(30) 10 日，销售多余材料，价税款 5 850 元，收到支票，存入银行。

则松北学海工厂的出纳当天可根据相应业务办妥收、付款手续，编写记账凭证（本实训中用会计分录纸代替），并按前述要求，依照审核无误的会计凭证登记出纳账簿。

会计分录用纸（代记账凭证）3-1

序号	20×2年		凭证		摘　要	会计科目	金　额		过账
	月	日	字	号			借　方	贷　方	
1									
2									
3									
4									
5									
6									
7									
8									
9									
10									

会计分录用纸（代记账凭证）3-2

序号	20×2 年		凭证		摘　要	会计科目	金　额		过账
	月	日	字	号			借　方	贷　方	
11									
12									
13									
14									
15									
16									
17									
18									
19									
20									

会计分录用纸（代记账凭证）3-3

序号	20×2年		凭证		摘　要	会计科目	金　　额		过账
	月	日	字	号			借　方	贷　方	
21									
22									
23									
24									
25									
26									
27									
28									
29									
30									

第五章

基础会计综合实训

一、基础会计综合实训资料

（一）工厂简介

企业名称：东北宏伟机械厂

企业地址：哈尔滨市松江路20号

主要产品：A产品、B产品

生产规模：年产A产品27 000件、B产品15 000件，产值785万元，利润180万元，职工人数40人

生产组织：设有两个基本生产车间：一车间和二车间。其中一车间耗用甲、乙两种材料生产A产品，二车间耗用甲、乙两种材料生产B产品。管理部门和生产车间一般耗用丙材料

会计机构：需要会计核算的工作，企业采用集中核算形式，并配备会计主管赵刚，兼主管财务副厂长。出纳员李明，制单会计张建，记账会计王亮，材料库保管员刘晓

开户银行：中国工商银行哈尔滨市分行松江路分理处

账号：0568009866

（二）账务处理程序

1. 该企业采用记账凭证账务处理程序

2. 记账凭证账务处理程序简介

记账凭证账务处理程序的主要特点是直接根据记账凭证逐笔登记总分类账，它是会计核算中最基本的一种账务处理程序。

在记账凭证账务处理程序下，填制记账凭证，登记账簿，编制财务报表的工作步骤如下：

（1）根据原始凭证编制汇总原始凭证；

（2）根据原始凭证或汇总原始凭证，编制记账凭证；

（3）根据收款凭证和付款凭证及所附原始凭证逐笔登记现金日记账和银行存款日记账；

（4）根据原始凭证、汇总原始凭证和记账凭证登记各种明细分类账；

（5）根据各种记账凭证逐笔登记总分类账；

（6）月末，核对现金日记账、银行存款日记账和各明细分类账的余额与有关总分类账的余额；

（7）月末，根据总分类账和明细分类账的有关资料编制财务报表。

上述账务处理程序的工作步骤如下图所示。

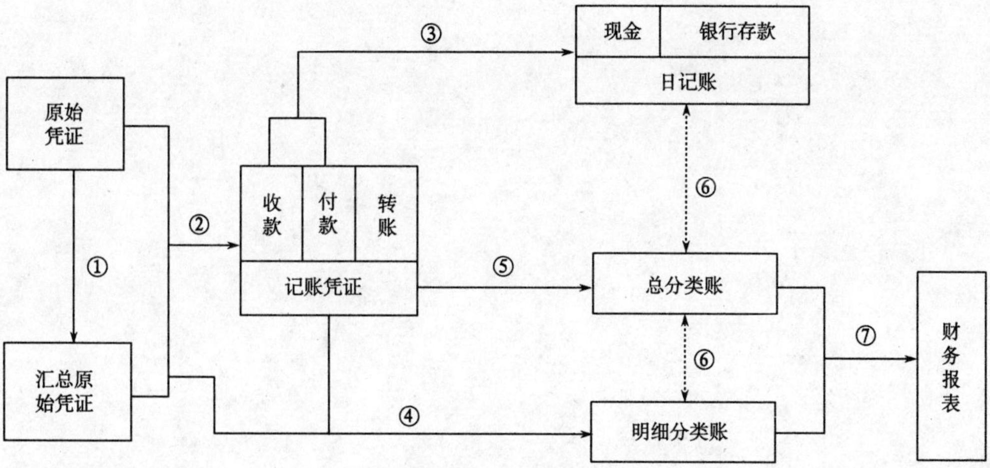

记账凭证账务处理程序

（三）20×2 年总账账户年初余额

总分类账户期初余额表

20×2 年 1 月 1 日　　　　单位：元

账户名称	借方余额	贷方余额
库存现金	1 600	
银行存款	2 285 000	
交易性金融资产	80 000	
应收票据	806 000	
应收账款	1 808 340	
其他应收款	—	
材料采购	46 000	
原材料	80 000	
库存商品	280 000	
待摊费用	5 800	

续表

账户名称	借方余额	贷方余额
长期股权投资	1 148 720	
固定资产	4 279 460	
累计折旧		1 208 600
无形资产	228 360	
累计摊销		20 000
长期待摊费用	115 200	
待处理财产损溢	—	
短期借款		830 000
应付票据		300 000
应付账款		795 360
其他应付款		7 000
应付职工薪酬		82 400
应交税费		392 040
应付股利		29 400
应付利息		—
长期借款		700 000
生产成本	15 520	
制造费用	—	
实收资本		6 400 000
资本公积		14 000
盈余公积		201 200
利润分配		200 000
合计	1 180 000	1 180 000

（四）20×2 年损益类账户 1～11 月累计发生额

20×2 年损益类账户 1～11 月累计发生额　　单位：元

账户名称	借方发生额	贷方发生额
主营业务收入		7 432 000
主营业务成本	4 649 720	
营业税金及附加	120 065.40	
其他业务收入		108 680
其他业务成本	59 240	
销售费用	159 500	
管理费用	203 304.60	
财务费用	82 300	
投资收益		49 400
营业外收入		44 000
营业外支出	19 000	
所得税费用	772 513.50	
合计	6 065 643.50	7 634 080

（五）20×2 年 12 月 1 日总账及有关明细账余额

1. 总分类账户期初余额表

总分类账户期初余额表

20×2 年 12 月 1 日

单位：元

账户名称	借方余额	贷方余额
库存现金	1 960	
银行存款	2 134 260.50	
交易性金融资产	100 000	
应收票据	10 000	
应收账款	2 241 120	
其他应收款	—	
材料采购	—	
原材料	113 980	
库存商品	720 000	
待摊费用	200	
长期股权投资	1 133 400	
固定资产	4 413 860	
累计折旧		1 401 020
无形资产	300 400	
累计摊销		36 000
长期待摊费用	102 000	
待处理财产损溢	—	
短期借款		140 000
应付票据		60 000
应付账款		189 500
其他应付款		1 280
应付职工薪酬		140 124
应交税费		99 000
应付股利		—
应付利息		3 200
长期借款		762 000
生产成本	47 300	
制造费用	—	
实收资本		6 400 000
资本公积		17 720
盈余公积		201 200
本年利润		1 568 436.50
利润分配		200 000
主营业务收入		—
主营业务成本	—	
销售费用	—	
营业税金及附加	—	

续表

账户名称	借方余额	贷方余额
其他业务收入		—
其他业务成本	—	
管理费用	—	
财务费用	—	
投资收益		—
营业外收入		—
营业外支出	—	
所得税费用	—	
合计	11 318 480.50	11 318 480.50

2. 有关明细分类账期初余额

1）应收账款 2 241 120 元

其中，通江公司　24 000 元（借方）；

　　　友谊公司　1 800 000 元（借方）；

　　　海飞公司　417 120 元（借方）。

2）应付账款　189 500 元

其中，光明公司　2 000 元（贷方）；

　　　新明公司　100 000 元（贷方）；

　　　北顺公司　87 500 元（贷方）。

3）原材料 113 980 元

品　名	数量/千克	单位/(元/千克)	金额/元
甲材料	10 000	10.18	101 800
乙材料	500	8.36	4 180
丙材料	2 000	4	8 000
合　计	—	—	113 980

4）库存商品 720 000 元

品　名	数量/件	单位/(元/件)	金额/元
A 产品	1 500	160	240 000
B 产品	2 000	240	480 000
合计	—	—	720 000

5）生产成本 47 300 元

项　目	直接材料	直接人工	制造费用	合计
生产成本—基本生产成本—A	14 000	4 560	2 448	21 008
生产成本—基本生产成本—B	16 000	5 016	5 276	26 292
合　计	—	—	—	47 300

（六）20×2 年 12 月份发生的经济业务

（1）12 月 1 日，收到通江公司归还上月欠款 24 000 元，存入银行。

（2）12 月 2 日，从明达公司购入甲材料 50 000 千克，增值税专用发票所列单价为 10.18 元，买价 509 000 元，进项税额为 86 530 元，款项以银行存款支付，材料尚未运到。

（3）12 月 3 日，从银行提取现金 1 000 元备用。

（4）12 月 3 日，以现金预付企业办公室主任张雷差旅费 1 000 元。

（5）12 月 4 日，从明达公司购进的甲材料验收入库，按其实际采购成本转账。

（6）12 月 4 日，以银行存款支付下年度的报刊订阅费 6 000 元。

（7）12 月 5 日，管理部门报销业务招待费 800 元，现金支付。

（8）12 月 6 日，从新明公司购进乙材料 20 000 千克，增值税专用发票所列单价为 8.36 元，买价 167 200 元，进项税额为 28 424 元，材料尚未运到，货款尚未支付。

（9）12 月 6 日，企业行政管理部门购买办公用品 300 元，以库存现金支付。

（10）12 月 7 日，经批准从银行借入期限为六个月的借款 60 000 元，存入银行。

（11）12 月 10 日，从新明公司购进的乙材料验收入库，按其实际采购成本转账。

（12）12 月 10 日，仓库发出如下表所示的材料（根据领料单汇总）。

材料用途	甲材料			乙材料			丙材料			合计
	数量	单价	金额	数量	单价	金额	数量	单价	金额	
制造 A 产品	20 000	10.18	203 600	10 000	8.36	83 600				287 200
制造 B 产品	15 000	10.18	152 700	8 000	8.36	66 880				219 580
车间一般耗用							100	4	400	400
管理部门耗用							50	4	200	200
合计	35 000	10.18	356 300	18 000	8.36	150 480	150	4	600	507 380

（13）12 月 10 日，以银行存款支付上月应交的增值税 120 000 元，城市维护建设税 8400 元，教育费附加 3 600 元。

（14）12 月 11 日，用银行存款支付跨行汇兑手续费 60 元。

（15）12 月 12 日，收到黄河公司交来的违约金 2 500 元，存入银行。

（16）12 月 12 日，办公室主任张雷出差归来，报销差旅费 800 元，交回现金 200 元。

（17）12 月 13 日，销售给楚天公司 A 产品 2 000 件，每件售价 280 元，共计 560 000元；B 产品 800 件，每件售价 360 元，计 288 000 元。货款总额为 848 000 元，应收取的增值税税额为 144 160 元，款已收到并已存入银行存款户。

（18）12 月 14 日，以银行存款支付市电视台广告费 14 000 元。

（19）12 月 15 日，从银行提取现金 70 000 元，以备发放本月工资。

（20）12 月 15 日，用库存现金发放本月职工工资 70 000 元。

（21）12 月 16 日，企业对管理办公设备维修，发生维修费用 300 元，现金付讫。

（22）12 月 18 日，销售给友谊公司甲材料 3 000 千克，每千克售价 14 元，开出增值税专用发票，货款 42 000 元，增值税额 7 140 元，款尚未到。

（23）12 月 20 日，以账面成本 40 000 元的专利权向万连公司进行长期股权投资，双方协议价格为 60 000 元。

（24）12 月 22 日，以银行存款支付月电话费 847.70 元。

（25）12 月 23 日，销售给南方公司 A 产品 1 000 件，每件售价 280 元，共计 280 000元；B 产品 2 000 件，每件售价 360 元，共计 720 000 元。货款总额为 1 000 000 元，应收取的增值税税额为 170 000 元，收到期限为四个月、票面额为 1 170 000 元的不带息银行承兑汇票一张。

（26）12 月 24 日，签发转账支票支付哈尔滨市自来水公司水费 5 500 元，其中，生产车间负担 5 000 元，管理部门负担 500 元。

（27）12 月 25 日，由宁远公司承兑的商业承兑汇票到期，对方无力支付款项，金额 5 000 元，按规定转账。

（28）12 月 28 日，收到星海电机厂投入的设备一台，原价 210 000 元，账面累计折旧 50 000 元，经评估确认价值为 130 000 元，填制记账凭证和登账时误记为 13 000 元（假定不考虑相关税费）。

（29）12 月 29 日，从哈尔滨汽车经销公司购入新的载重汽车一辆，价款 60 000 元，增值税 10 200 元，共 70 200 元，已用银行存款支付，载重汽车当即验收投入使用。

（30）12 月 30 日，支付下年度经营租赁租入固定资产租赁费 12 000 元，用银行存款支付。

（31）12 月 31 日，发现 12 月 28 日收到星海电机厂投入设备一台的记账凭证和账簿金额均错误。

借：固定资产　　　　13 000

　贷：实收资本　　　　13 000

请及时进行更正。

（32）12 月 31 日，预提本月应负担的借款利息 700 元。

（33）12 月 31 日，以银行存款支付第四季度的借款利息 2 100 元。

（34）12 月 31 日，按规定计提本月固定资产折旧费 15 000 元，其中，生产车间使用的固定资产应计提折旧费 11 000 元，企业行政管理部门使用的固定资产应计提折旧费 4 000 元。

（35）12 月 31 日，分配本月职工工资 70 000 元。其中，生产工人工资 60 000 元（用于 A 产品生产工人工资 32 000 元，B 产品生产工人工资 28 000 元），车间管理人员工资 8 000 元，企业行政管理部门人员工资 2 000 元。

（36）12 月 31 日，按照企业的规定，计提本月职工福利费 9 800 元，其中，A 产品 4 480 元，B 产品 3 920 元，生产车间管理人员 1 120 元，企业行政管理部门人员 280 元。

(37) 12月31日，摊销应由本月负担的无形资产摊销费用1 000元，待摊费用150元和长期待摊费用500元。

(38) 12月31日，结转本月制造费用。按产品的生产工时比例分配，A产品的生产工时为12 000小时，B产品生产工时为8 000小时。

(39) 12月31日，本月A产品、B产品全部完工，结转完工入库A产品、B产品生产成本，其中，A产品完工2 250件，B产品完工1 200件。

(40) 12月31日，结转本月已销产品成本。

(41) 12月31日，结转本月销售甲材料成本。

(42) 12月31日，按本月应交增值税额的7%提取城市维护建设税，按3%提取教育费附加。

(43) 12月31日，企业在财产清查中，发现盘亏设备一台，其原值为8 000元，已提折旧额3 000元，列账待查。

(44) 12月31日，上述盘亏设备经批准按规定程序转账。

(45) 12月31日，企业在财产清查中，查明应付光明公司的货款2 000元确实无法支付，经批准转作营业外收入处理。

(46) 12月31日，企业因对外投资收到大明公司交来的投资收入7 000元，存入银行。

(47) 12月31日，按规定税率25%计算结转本月应交所得税（假定无纳税调整项目）。

(48) 12月31日，将本月损益类账户转入“本年利润”账户。

(49) 12月31日，按规定从本年税后利润中提取法定盈余公积金（提取比例为10%）。

(50) 12月31日，按规定计算出应支付给投资者的利润为300 000元。

(51) 12月31日，将全年实现的净利润转入“利润分配—未分配利润”明细账户。

(52) 12月31日，将“利润分配”账户其他明细账户转入“利润分配—未分配利润”明细账户。

（七）20×2年12月份经济业务的原始凭证

该企业12月份发生的经济业务所附的原始凭证如下：

业务1

中国工商银行信汇　凭证(收账通知或取款收据)　　4

第0874号

委托日期20×2年11月28日　　　　或解汇款编号

汇款人	全称	尚志市通江公司			收款人	全称	东北宏伟机械厂											
	账号或住址	230164311				账号或住址	0568009866											
	汇出地点	黑龙江省尚志市县	汇出行名称	海城分理处		汇入地点	黑龙江哈尔滨市县	汇入行名称	松江路分理处									
金额	人民币(大写)	贰万肆仟元整					千	百	十	万	千	百	十	元	角	分		
									¥	2	4	0	0	0	0	0		
汇款用途:购材料款						留行待取预留收款人印鉴												
上列款项已代进账,如有错误,请持此联来行面洽 汇入行盖章×× 20×2年12月1日			上列款项已照收无误 收款人盖章 年　月　日				科　目(借)________ 对方科目(贷)________ 汇入行解汇日期　年　月　日 复核　出纳　记账											

此联给收款人收账通知或代取款收据

(银行专用章　模拟)

业务2-1

增值税专用发票

发票联

(税务监制章　模拟)

开票日期:20×2年12月2日　　　　No.093651

购货单位	名　称	东北宏伟机械厂		纳税人登记号							071865940021789											
	地址　电话	哈尔滨市松江路20号		开户银行及账号							松江路分理处0568009866											
商品或劳务名称		计量单位	数量	单价	金额								税率(%)	金额								
					十	万	千	百	十	元	角	分		十	万	千	百	十	元	角	分	
甲材料		千克	50 000	10.18	5	0	9	0	0	0	0	0	17		8	6	5	3	0	0	0	
合计			50 000		5	0	9	0	0	0	0	0			8	6	5	3	0	0	0	
价税合计(大写)		人民币伍拾玖万伍仟伍佰参拾元零角零分												¥595 530.00								
销货单位	名称	明达公司		纳税人登记号							8[illegible]0609											
	地址　电话	黄河市山南路　3576489		开户银行及账号							市支行　487631											

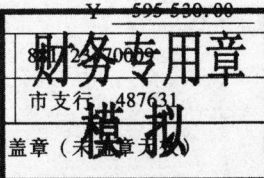

第二联　购货方记账

收款人:乔云　　　　开票单位:明达公司　盖章(未盖章无效)

(财务专用章　模拟)

业务 2－2

中国工商银行信汇凭证(回单) 1

第 0930 号

委托日期 20×2 年 12 月 2 日

汇款人	全称	东北宏伟机械厂			收款人	全称	明达公司							
汇款人	账号或住址	0568009866			收款人	账号或住址	487631							
汇款人	汇出地点	黑龙江省哈尔滨市县	汇出行名称	松江路分理处	收款人	汇出地点	本省黄河市县	汇入行名称	支行					
金额	人民币(大写)	伍拾玖万伍仟伍佰叁拾元整				千	百	十	万	千	百	十	元	角	分
							¥	5	9	5	5	3	0	0	0
汇款用途:购买材料款					汇出银行盖章 20×2 年 12 月 日									
上列款项已根据委托办理,如需查询,请持此回单来行面洽 单位主管 会计 出纳 记账														

银行专用章 模拟

业务 3

中国工商银行现金支票存根

支票号码:02158

科　　目:____________

对方科目:____________

签发日期:20×2 年 12 月 3 日

收款人:本厂
金额:1 000.00
用途:备用金
备注:

单位主管:赵刚　　会计:

复　　核:　　记账:

业务4

预付款凭证

部门:办公室　　(公章)付款日期:20×2年12月3日　　第146号

借款 原因　差旅费	借款人 签　章　　张雷
借款 (大写)壹仟元整　¥ 1 000.00 金额	领导批示或介绍信　　字第　　号 同　意 李林

第一联　付款记账凭证

业务5

收　料　单

供货单位:明达公司　　编号:001

发票号码:93651　　20×2 年 12 月 4 日　　材料类别:原材料

材料编号	材料名称	规格	计量单位	数量		买价		运杂费	其他	合计	单位成本
				应收	实收	单价	金额				
	甲材料		千克	50 000	50 000	10.18	509 000			509 000	10.18

记账联

记账:王亮　　保管:刘晓　　制单:王从深

业务 6－1

中国工商银行转账支票存根

支票号码:03124
科　　目:____________
对方科目:____________
签发日期:20×2年 12 月 4 日

收款人:市邮电局
金额:6 000.00
用途:报刊订阅费
备注:

单位主管:赵刚　　　会计:
复　　核:　　　　　记账:

业务 6－2

报刊订阅收据

单位:北方宏伟机械厂　　　　20×2 年 12 月 4 日　　　　No.256

报刊号	报刊名录	单位	份数	单价	金额	备注
××	×××	×	×	××	×××	20×3 年度
××	×××	×	×	××	×××	20×3 年度
××	×××	×	×	××	×××	20×3 年度
合计	陆仟元整				¥ 6 000.00	

会计:姚艳　　　　出纳:张秀　　　　制单:宋

财务专用章
模拟

业务 7-1

黑龙江省哈尔滨市商业统一发票

识别码:62101311

发 票 联

发票代码:152030612057
发票号码:24986732

购货单位:东北宏伟机械厂　　20×2年12月5日

产地	货物名称	规格	单位	数量	单价	金额 万	千	百	十	元	角	分
	餐饮						¥	8	0	0	0	0
合计人民币(大写)	零万零仟捌佰零拾零元零角零分 ¥ 800.00											
开户银行		地址				备注						
账号		联系电话										

第二联 发票联(购货方付款凭证)

开票人:　　收款人:　　开票单位(未盖章无效)

备注:此发票可参加抽奖,请拨打查询(举报)电话:0451-123666,接通后输入8位识别码+8位发票号码,或登录网站:www.gzgy-n-tax.gov.cn。

自行剪下无效

24986732

识别码:62101311

兑奖凭证

(一)兑奖期限:自发票开具之日起30日内。

(二)消费者中5元、10元、50元和100元奖的,在获取中奖发票的经营户处兑奖;消费者中2 000元奖的,在经营户主管国税机关兑奖。

刮奖区

谢谢索票

业务 7-2

哈尔滨市东北宏伟机械厂

费用报销单

部门:管理部门　　20×2年12月5日　　编号:079

开支内容	金额	计算方式
招待费	800.00	1. 冲借款____元
		2. 转　账____元
		3. 汇　款____元
		4. 付现金 800.00 元
合计(大写) 捌佰元整		

附单据 1 张

单位负责人:　　会计主管:赵刚　　经手人:赵晨　　出纳:李明

业务 8

增值税专用发票

发票联

税务监制章 模拟

开票日期：20×2 年 12 月 6 日　　　　No.083241

购货单位	名称	北方宏伟机械厂			纳税人登记号						071865940021789								
	地址 电话	哈尔滨市松江路20号			开户银行及账号						松江路分理处 0568009866								
商品或劳务名称		计量单位	数量	单价	金额							税率（%）	税额						
					万	千	百	十	元	角	分		万	千	百	十	元	角	分
乙材料		千克	20 000	8.36	1	6	7	2	0	0	0	17	2	8	4	2	4	0	0
合计			20 000		1	6	7	2	0	0	0		1	9	5	6	2	4	0
价税合计（大写）		人民币壹拾玖万伍仟陆佰贰拾肆元整										¥ 195 624.00							
销货单位	名称	新明公司			纳税人登记号						×××××××6457148								
	地址 电话	北京路 3946001			开户银行及账号						市建行支行 [illegible]								

第二联 购货方记账

收款人：徐远征　　　　开票单位：新明公司　盖章

财务专用章 模拟

业务 9

新球百货公司销售发票

发票联

税务监制章 模拟

商零字 015839

客户：北方宏伟机械厂　　　　20×2 年 12 月 6 日

品名规格	单位	数量	单价	金额					
				千	百	十	元	角	分
××办公用品	只	30	10		3	0	0	0	0
合计（大写）		叁佰元整		¥	3	0	0	0	0

销售单位（盖章）　　收款人：韩志　　　　开票人：王军

财务专用章 模拟

业务 10

借款借据 （入账通知）

（..........放款）

单位编号：×××× 借款日期：20×2年12月7日 借据编号：1342 伍

借款人	名称	×银行淮海路分理处	收款人	姓名	北方宏伟机械厂
	放款户账号	01－×××××××××－××		往来户账号	0568009866
	开户银行	××银行		开户银行	松江路分理处

借款金额	陆万元整	千	百	十	万	千	百	十	元	角	分
				¥	6	0	0	0	0	0	0

借款原因及用途	临时周转借款	利率	6‰	借款计划指标	

借款期限

期次	计划还款日期	√	计划还款金额
1			
2			
3			

备　注：

你单位上列借款，已转入你结算户内。借款到期时由我行按期自你结算户转还。此致

借款单位

银行专用章 模拟

（银行盖章）淮海路分理处

此联由银行退借款人作入账通知

业务 11

收　料　单

供货单位：大新公司　　编　　号：002

发票号码：083241　　20×2年12月10日　　材料类别：原材料

材料编号	材料名称	规格	计量单位	数量 应收	数量 实收	买价 单价	买价 金额	运杂费	其他	合计	单位成本
	乙材料		千克	20 000	20 000	8.36	167 200			167 200	8.36

记账联

记账：王亮　　保管：刘晓　　制单：王从深

业务 12－1

领　料　单

领料单位：一车间　　　　　　　　　　　　　　　　　　凭证号码：018

用途：A 产品　　　　　　20×2 年 12 月 10 日　　　　　　发料仓库：1 号库

材料类别	材料编号	材料名称及规格	计量单位	数量		单价	金额
				请领	实领		
		甲材料	千克	20 000	20 000	10.18	203 600

记账联

领料人：王红军　　领料部门主管：刘学东　　发料：刘晓　　记账：王亮

业务 12－2

领　料　单

领料单位：一车间　　　　　　　　　　　　　　　　　　凭证号码：019

用途：A 产品　　　　　　20×2 年 12 月 10 日　　　　　　发料仓库：3 号库

材料类别	材料编号	材料名称及规格	计量单位	数量		单价	金额
				请领	实领		
		乙材料	千克	10 000	10 000	8.36	83 600

记账联

领料人：越世仁　　领料部门主管：刘学东　　发料：刘晓　　记账：王亮

业务 12－3

领　料　单

领料单位:二车间　　　　　　　　　　　　　　凭证号码:007

用途:B 产品　　　　20×2 年 12 月 10 日　　　　发料仓库:1 号库

材料类别	材料编号	材料名称及规格	计量单位	数量		单价	金额
				请领	实领		
		甲材料	千克	15 000	15 000	10.18	152 700

记账联

领料人:孙春　　领料部门主管:陈亮　　发料:刘晓　　记账:王亮

业务 12－4

领　料　单

领料单位:二车间　　　　　　　　　　　　　　凭证号码:008

用途:B 产品　　　　20×2 年 12 月 10 日　　　　发料仓库:3 号库

材料类别	材料编号	材料名称及规格	计量单位	数量		单价	金额
				请领	实领		
		乙材料	千克	8 000	8 000	8.36	66 880

记账联

领料人:张伟　　领料部门主管:陈亮　　发料:刘晓　　记账:王亮

业务 12－5

领 料 单

领料单位:一车间 凭证号码:003

用途:修理 20×2 年 12 月 10 日 发料仓库:2 号库

材料类别	材料编号	材料名称及规格	计量单位	数量		单价	金额
				请领	实领		
		丙材料	千克	100	100	4	400

记账联

领料人:赵风 领料部门主管:刘学东 发料:刘晓 记账:王亮

业务 12－6

领 料 单

领料单位:厂部 凭证号码:015

用途:修理 20×2 年 12 月 10 日 发料仓库:2 号库

材料类别	材料编号	材料名称及规格	计量单位	数量		单价	金额
				请领	实领		
		丙材料	千克	50	50	4	200

记账联

领料人:葛明忠 领料部门主管:朱海兵 发料:刘晓 记账:王亮

业务 13－1

中华人民共和国税收缴款书

黑国缴 No:2186
隶属关系:市属
经济类型:国有经济

征收机关:哈尔滨市国家税收书　　填发日期:20×2年 12 月 10 日

缴款人	标识码		预算科目	款	×款
	名称	北方宏伟机械厂		项	×项
	开户银行	松江路分理处		级次	中央
	账 号	0568009866		收款国库	国家库

税款所属时期:20×2年 11 月　　日　　税款限缴日期:20×2年 12 月 10 日

品目名称	课税数量	计税金额或销售收入	税率或单位税额	已缴或扣除额	实缴税款
增值税		900 000	17%	33 000	120 000
税款小计:					120 000
金额合计:人民币(大写)拾贰万元整					￥120 000.00

缴款单位(人)	税务机关(盖章)	上列款项已收妥并划转收款单位账户	备 注
财务专用章 模拟 经办人	填票人	银行专用章 模拟 国库(银行)盖章 20×2年 12 月 10 日	

逾期不缴按税法规定加收滞纳金

无银行存讫章无效

第一联(收据)国库(经收处)收款盖章后退缴款单位(人)作完税证

业务 13－2

中华人民共和国税收缴款书

黑地缴No:1882
隶属关系:市属
征收机关:哈尔滨市财政局　　　填发日期:20×2年 12 月 10 日　　　经济类型:国有经济

缴款人	标识码		预算科目	款	×款
	名称	北方宏伟机械厂		项	×项
	开户银行	松江路分理处		级次	市级
	账号	0568009866		收款国库	地方库
税款所属时期:20×2年 11 月　日			税款限缴日期:20×2年 12 月 10 日		

品目名称	课税数量	计税金额或销售收入	税率或单位税额	已缴或扣除额	实缴税款
城市维护建设税		120 000	7%		8 400
税款小计					8 400
金额合计:人民币(大写)捌仟肆佰元整					￥ 8 400.00

缴款单位(人) (盖章) 经办人(章) 财务专用章 模拟	税务机关(盖章) 填票人	上列款项已收妥并划转收款单位账户 国库(银行)盖章 20×2年 12 月 10 日 银行专用章 模拟	备注

逾期不缴按税法规定加收滞纳金

无银行存讫章无效

第一联（收据）国库(经收处)收款盖章后退缴款单位(人)作完税证

业务 13－3

中华人民共和国税收缴款书

黑国缴 No:1883

隶属关系:市属

征收机关:哈尔滨市财政局　　填发日期:20×2年12月10日　　经济类型:国有经济

缴款人			预算科目		
缴款人	标识码		预算科目	款	×款
	名称	北方宏伟机械厂		项	×项
	开户银行	松江路分理处		级次	市级
	账 号	0568009866	收款国库		地方库
税款所属时期:20×2年11月　日			税款限缴日期:20×2年12月10日		

品目名称	课税数量	计税金额或销售收入	税率或单位税额	已缴或扣除额	实缴税款
教育费附加		120 000	3%		3 600
税款小计					3 600
金额合计:人民币(大写)叁仟陆佰元整					￥3 600.00

缴款单位(人)	税务机关(盖章)	上列款项已收妥并划转收款单位账户	备 注
经办人	填票人	国库(银行)盖章 20×2年12月10日	

［印章：财务专用章 模拟］［印章：银行专用章 模拟］

无银行存讫章无效

第一联（收据）国库（经收处）收款盖章后退缴款单位（人）作完税证

逾期不缴按税法规定加收滞纳金

业务14

中国工商银行 INDUSTRIAL AND COMMERCIAL BANK OF CHINA　跨行支付系统收费凭条　凭　证

20×2年12月11日

付款人名称:东北宏伟机械厂

付款人账号:0568009866

服务项目:跨行支付汇兑

付费方式:转账

金额合计(大写):陆拾元整

金额合计(小写):60.00

地区号:02307　网点号:00107　操作柜员:0125　授权柜员:0105

业务 15－1

收　据

20×2 年 12 月 12 日

收到黄河公司

人民币（大写）贰仟伍佰元整　　¥ 2 500.00

事由违约罚款

财务专用章
模拟

收款单位：财务科　　收款人：李明　　会计：赵刚

三 记账联

业务 15－2

工商银行进账单（回单或收账通知）

20×2 年 12 月 12 日　　第 121 号

付款人	全　称	黄河公司	收款人	全　称	北方宏伟机械厂
	账　号	36714881		账　号	0568009866
	开户银行	农行支行		开户银行	松江路分理处

人民币（大写）贰仟伍佰元整	千	百	十	万	千	百	十	元	角	分
				¥	2	5	0	0	0	0

票据种类	转账支票	银行专用章 模拟 收款人开户银行盖章
票据张数	1	
单位主管　会计　复核　记账		

业务 16－1

差旅费报销单

20×2 年 12 月 12 日

部门		厂部办公室			出差人		王　雷	开　会			
交通票价								其他费用			
月	日	起点	日	止点	类别	金额	张数	项目	单位	金额	张数
12	8	哈尔滨	8	齐齐哈尔	汽车	80.00	1	出勤补助	1 人 ×4 天	60.00	1
12	11	齐齐哈尔	11	哈尔滨	汽车	80.00	1	住宿费	1 人 ×4 天	320.00	
								其他		260.00	1
合　计						160.00	2			640.00	2
报销金额大写人民币:捌佰元整											

审批人:李林　　报销人:王雷　　会计:赵刚　　附单据:4 张

业务 16－2

收　据

20×2 年 12 月 12 日

收到王　雷

人民币(大写)壹仟元整　¥1 000.00

事由报销单据 800 元,退现金 200 元

收款单位:财务科　　收款人:李明　　会计:赵刚

财务专用章

模拟

三

记

账

联

业务 17－1

工商银行进账单 （回单或收账通知）

20×2 年 12 月 13 日 No.02143572

付款人	全称	楚天公司	收款人	全称	北方宏伟机械厂
	账号	05－76134		账号	0568009866
	开户银行	市支行		开户银行	松江路分理处

	千	百	十	万	千	百	十	元	角	分
（大写）人民币肆拾玖万陆仟零捌拾元整		¥	4	9	6	0	8	0	0	0

票据种类	转账支票	收款人开户银行盖章 ××市支行
票据张数	1	
单位主管 会计 复核 记账		

银行专用章 模拟

业务 17－2

增值税专用发票
记 账 联

开票日期：20×2年 12 月 13 日 No.0213

购货单位	名称	楚天公司	纳税人登记号	××××99831222212
	地址 电话	山西路 8 号 3753088	开户银行及账号	市支行 05－76134

货物或应税劳务名称	计量单位	数量	单价	金额 十	万	千	百	十	元	角	分	税率（%）	金额 十	万	千	百	十	元	角	分
A 产品	件	2 000	280	5	6	0	0	0	0	0	0	17		9	5	2	0	0	0	0
B 产品	件	800	360	2	8	8	0	0	0	0	0	17		4	8	9	6	0	0	0
合计				8	4	8	0	0	0	0	0		1	4	4	1	6	0	0	0

价税合计（大写）	人民币玖拾玖万贰仟壹佰陆拾元整 ¥992 160.00			
购货单位	名称	北方宏伟机械厂	纳税人登记号	051736750912468
	地址 电话	松江路 20号	开户银行及账号	松江路分理处 0568009866
备注				

财务专用章 模拟

收款人：李明 开票单位（未盖章无效）

第四联 销货方记账

业务 18－1

哈尔滨市工商业统一发票

购货单位:北方宏伟机械厂　　　　20×2年12月14日　　　　No.3140

货号	品名规格	单位	数量	单价	金额									备注
					百	十	万	千	百	十	元	角	分	
	广告费					¥	1	4	0	0	0	0	0	
合计人民币(大写)壹万肆仟元整					¥ 14 000.00									

第二联　发票联

单位盖章:电视广告公司　　开票人:王红　　收款人:赵亚洲

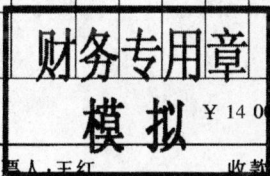

业务 18－2

中国工商银行转账支票存根

支票号码:03124666

科　　目:________________

对方科目:________________

签发日期:20×2年12月14日

收款人:	电视广告公司
金额:	14 000.00
用途:	广告费
备注:	

单位主管:赵刚　　会计:

复　　核:　　记账:

业务 19

中国工商银行现金支票存根

支票号码:02158886

科　　目:

对方科目:

签发日期:20×2年 12 月 14 日

收款人:本厂
金额:70 000.00
用途:提现发放工资
备注:

单位主管:赵刚　　　　会计:

复　　核:　　　　　　记账:

业务 20

工资结算汇总表

20×2 年 12 月　　　　　　　　单位:元

车间、部门名称		标准工资	各种补贴	扣款		应付工资	扣　款			实发工资
				病假	事假		房租	水电费		
一车间	生产工人					32 000				32 000
	管理人员					4 400				4 400
二车间	生产工人					28 000				28 000
	管理人员					3 600				3 600
厂部						2 000				2 000
合　计						70 000				70 000

制表:李明

业务 21

黑龙江省哈尔滨市工业统一发票

识别码:62101241　　**发　票　联**　　发票代码:152030612057
发票号码:24986732

购货单位:东北宏伟机械厂　　20×2年12月16日

产地	货物名称	规格	单位	数量	单价	金额 万	千	百	十	元	角	分
	设备维修						¥	3	0	0	0	0
合计人民币(大写)	零万零仟叁佰零拾零元零角零分 ¥ 300.00											
开户银行		地址				备注						
账号		联系电话										

第二联 发票联(购货方付款凭证)

开票人:　　收款人:　　开票单位(未盖章无效)

备注:此发票可参加抽奖,请拨打查询(举报)电话:0451-123666,接通后输入8位识别码+8位发票号码,或登录网站:www.gzgy-n-tax.gov.cn。

自行剪下无效

24986732
识别码:62101311

兑奖凭证

(一)兑奖期限:自发票开具之日起30日内。
(二)消费者中5元、10元、50元和100元奖的,在获取中奖发票的经营户处兑奖;消费者中2000元奖的,在经营户主管国税机关兑奖。

刮奖区

谢谢索票

业务 22

增值税专用发票

记　账　联

开票日期:20×2年12月18日　　No.0214

购货单位	名称	友联公司	纳税人登记号	××××96632234555
	地址　电话	市黄河路3号　3945091	开户银行及账号	市支行05-65765

货物或应税劳务名称	计量单位	数量	单价	金额 万	千	百	十	元	角	分	税率(%)	税额 万	千	百	十	元	角	分
甲材料	千克	3 000	14	4	2	0	0	0	0	0	17		7	1	4	0	0	0
合计				4	2	0	0	0	0	0		¥	7	1	4	0	0	0

价税合计(大写)	肆万玖仟壹佰肆拾元整	¥49 140.00		
销货单位 名称	北方宏伟机械厂	纳税人登记号	051736750912468	
地址　电话	松江路20号	开户银行及账号	松江路分理处0568009866	

财务专用章 模拟

收款人:李明　　开票单位(未盖章无效)

业务 23

投资协议书（摘录）

投出单位：北方宏伟机械厂

投入单位：万连公司

……

第三，北方宏伟机械厂向万连公司投入专利权，协议价为 60 000 元。

第四，北方宏伟机械厂投资后所拥有的万连公司的权益以该专利权的评估价为准。

第五，北方宏伟机械厂必须在 20×2 年 12 月 31 日前出资，并办妥有关产权转让手续。

……

业务 24-1

应收电话电报费收据

（税务监制章 模拟）

名称：北方宏伟机械厂　　20×2年12月22日

费别	金额(元)	费别	金额(元)
月租费	241.20	其他费	
通话费	362.40	滞纳金	
农话费			
长话费	244.10		
电报费			
共计(人民币)	捌佰肆拾柒元柒角整		¥847.70

开票人：朱玲　　收款人：李海　　单位盖章：哈尔滨市邮电局

（财务专用章 模拟）

业务 24-2

中国工商银行转账支票存根

支票号码：03124667

科　　目：__________

对方科目：__________

签发日期：20×2年12月22日

收款人：市邮电局	
金额：847.70	
用途：电话费	
备注：	

单位主管：赵刚　　会计：

复　　核：　　记账：

业务 25－1

增值税专用发票

记 账 联

开票日期:20×2年12月23日　　No.6714

购货单位	名称	南方公司				纳税人登记号								×××95435678012							
	地址 电话	九站路16号 3676266				开户银行及账号								工行05－43576							
货物或应税劳务名称	计量单位	数量	单价	金额									税率(%)	金额							
				百	十	万	千	百	十	元	角	分		十	万	千	百	十	元	角	分
A产品	件	1 000	280		2	8	0	0	0	0	0	0	17		4	7	6	0	0	0	0
B产品	件	2 000	360		7	2	0	0	0	0	0	0	17	1	2	2	4	0	0	0	0
合计				1	0	0	0	0	0	0	0	0		1	7	0	0	0	0	0	0
价税合计(大写)		壹佰壹拾柒万元整				¥1 170 000.00															
销货单位	名称	北方宏伟机械厂				纳税人登记号								051736750912468							
	地址 电话	松江路20号				开户银行及账号								松江路分理处 0568009866							

收款人:李明　　开票单位(未盖章无效)

财务专用章 模拟

业务 25－2

银行承兑汇票

出票日期 贰零某贰年壹拾贰月贰拾叁日　　第125号
(大写)

出票人全称	市南方公司	收款人	全称	北方宏伟机械厂	
出票人账号	08－322126－21		账号	0568009866	
付款行全称	工行尚志市××办事处		开户行	松江路分理处	行号 88767
汇票金额	人民币(大写):壹佰壹拾柒万元整			千 百 十 万 千 百 十 元 角 分 ¥ 1 1 7 0 0 0 0 0 0	
汇票到期日	贰零某贰年零肆月贰拾叁日	本汇票已经承兑,到期日由本行付款		承兑协议编号	×××
本汇票请你行承兑,到期无条件付款 ××市南方公司财务专用章 王飞 出票人签章 20×2年12月23日		×××× 承兑到期20×2年12月23日		备注	科目(借):________ 对方科目(贷):________ 转账 年 月 日 复核 记账

财务专用章 模拟　银行专用章 模拟

业务26-1

哈尔滨市东北宏伟机械厂

水 费 分 配 表

使用部门	分 配 率	分配金额
生产车间	91%	5 000.00
管理部门	9%	500.00
合 计	100%	5 500.00

会计管理 赵刚　　稽核　　制单人 张建

业务26-2

水 费 通 知 单

月 份	本次抄表	上次抄表	实 用	单 价	合 计
11.24~12.24	25 510.20	20 010.20	5 500.00	1.00	5 500.00
合 计			5 500.00	1.00	5 500.00

通知人 余娜　　供水单位(盖章) 哈尔滨市自来水公司

业务26-3

中国工商银行转账支票存根

支票号码:03124689

科 目:

对方科目:

签发日期 20×2年 12月 24日

收款人:哈尔滨市自来水公司
金额: 4 400.00
用途:水费
备注:

单位主管:赵刚　　会计:

复 核:　　记账:

业务 27－1

付款人未付票款通知书(第2联)

主送:
抄送: 填发日期20×2年12月25日

结算种类	商业承兑汇票	凭证号码	246
凭证日期	20×2年9月25日	凭证金额	伍仟元整
付款人名称	××市宁远公司	收款人名称	北方宏伟机械厂
通知事由: 付款人无款支付 (印章:银行专用章 模拟) ××银行 填发银行盖章		科目＿＿＿＿ 对方科目＿＿＿＿ 转账日期 年 月 日 复核 记账	

说明:本联作支付结算通知书时,将“查询查复”字样划去;作查询时,将通知“复查”字样划去;作复查书时,将“通知”、“查询”字样划去。

业务 27－2

委托收款凭证(收款通知)4

委邮 委托日期20×2年12月20日 委托号码:182
付款期限20×2年12月25日

付款人	全称	×市宁远公司	收款人	全称	北方宏伟机械厂		
	账号或地址	05－76134		账号	0568009866		
	开户银行	×市建行		开户银行	松江路分理处	行号	88767

委托金额	人民币(大写)伍仟元整	千	百	十	万	千	百	十	元	角	分
					¥	5	0	0	0	0	0

销货款	委托收款凭据名称	商业承兑汇票246号	附寄单证张数	壹张

备注:	上列款项
付款人无款支付	1. 已全部划回收入你方账户。 2. 全部未收到。 (印章:银行专用章 模拟) 收款人开户行盖章:××银行 20×2年12月25日

业务 28－1

投资协议书(摘录)

投出单位:星海电机厂

投入单位:北方宏伟机械厂

……

第三,星海电机厂向南方通用机械厂投入发电机组一台,已使用两年。

第四,星海电机厂投资后所拥有的南方通用机械厂的权益以该发电机组的评估价为准。

第五,星海电机厂必须在 20×2 年 12 月 31 日前出资,并办妥有关产权转让手续。

……

业务 28－2

资产评估报告表

单位:万元

评估委托单位:星海电机厂　　评估时间:20×2 年 12 月 3 日　　编号:130

序号	资产名称及规格型号	产地	计量单位	数量	账面价值			评估价值	备注
					原值	已提折旧	净值		
1	发电机组 100 千瓦	长沙	台	1	21	5	16	13	

评估单位:　　评估人:李亚　　评估负责人:张水

业务 28－3

投入固定资产验收单

单位:万元

20×2 年 12 月 28 日　　编号:001

资产名称	规格及型号	单位	数量	预计使用年限	尚可使用年限	投出单位账面价值			评估价值	备注
						原值	已提折旧	净值		
发电机组	100 千瓦	台	1	10	7	21	5	16	13	
投资人	星海电机厂									

设备科:　　负责人:赵南　　经办人:林木

业务29-1

增值税专用发票
发票联

税务监制章 模拟

开票日期:20×2年 12 月29日　　　　　　　　No.083087

购货单位	名　称	北方宏伟机械厂	纳税人登记号	071865940021789
	地址　电话	哈尔滨市松江路20号	开户银行及账号	松江路分理处 0568009866

商品或劳务名称	计量单位	数量	单价	金额							税率(%)	金额						
				万	千	百	十	元	角	分		万	千	百	十	元	角	分
载货汽车	件	1	60 000	6	0	0	0	0	0	0	17	1	0	2	0	0	0	0
合计		1		6	0	0	0	0	0	0		1	0	2	0	0	0	0
价税合计(大写)	人民币柒万零贰佰元整			¥ 70 200.00														

销货单位	名称	双城汽车经销公司	纳税人登记号	×××× [illegible]6457148
	地址　电话	上海路　3946001	开户银行及账号	市建行支行 [illegible]20

第二联　购货方记账

收款人:张丽　　　　　　开票单位:双城汽车经销公司　盖章

财务专用章 模拟

业务29-2

东北宏伟机械厂

固 定 资 产 验 收 单

20×2年 12 月29日

名称及型号	单　位	数　量	原 始 价 值	来 源 方 式	预计使用年限
载货汽车	辆	1	60 000.00	外购	15年

业务29-3

中国工商银行信汇凭证(回单) 1 第0930号

委托日期 20×2年12月2日

汇款人	全称	东北宏伟机械厂		收款人	全称	双城汽车经销公司	
	账号或住址	0568009866			账号或住址	986733	
	汇出地点	黑龙江省哈尔滨市县	汇出行名称 松江路分理处		汇入地点	本省双城市县	汇入行名称 江中支行

金额	人民币(大写)	柒万零贰佰元整	千	百	十	万	千	百	十	元	角	分
				¥	7	0	2	0	0	0	0	0

汇款用途:支付购车款及增值税

上列款项已根据委托办理,如需查询,请持此回单来行面洽

单位主管　　会计　　出纳　　记账

汇出银行盖章

20×2年12月2日

银行专用章 模拟

业务30-1

中国工商银行转账支票存根

支票号码:03127

科　　目:________

对方科目:________

签发日期:20×2年12月30日

收款人:汇通租赁公司
金额:12 000.00
用途:租赁费
备注:

单位主管:赵刚　　会计:

复　　核:　　记账:

业务30-2

黑龙江省哈尔滨市固定资产出租专用发票

记 账 联

代码 22102047817

20×2年12月29日　　NO. 10024251

承租人	东北宏伟机械厂	地 址	哈尔滨市松江路20号
承租合同期限	一年	租用性质	
所属期限	20×3年1月至20×3年12月		
租金标准	年￥	月￥	
合计金额	壹万贰仟零佰零拾零元零角零分	￥ 12 000.00	

第三联 报销凭证

收款单位(盖章有效):　　收款人：刘明　　开票人：姜艳玲

业务31

12月31日，发现12月28日接受星海电机厂投入设备一台，价值130 000元。

会计人员记账时记账凭证和账簿均发生金额错误：

借：固定资产　　13 000

　　贷：实收资本　　13 000

业务32

利息费用分配表

20×2年12月　　单位:元

费用种类	应借科目	成本或费用项目	应贷金额
借款利息	财务费用	利息费用	700.00
合计			

业务 33

中国工商银行计收利息清单(第四联)

总字第 号
字第 号

20×2 年 12 月 31 日

<table>
<tr><td>借款单位</td><td colspan="3">北方宏伟机械厂</td><td colspan="4">原借金额</td><td colspan="5"></td><td colspan="4" rowspan="2">计息起讫日期或天数</td><td colspan="2" rowspan="2">四季</td><td colspan="3" rowspan="2">付出利息账户账号</td><td rowspan="2">0568009866</td></tr>
<tr><td></td><td colspan="3"></td><td colspan="4">还款金额</td><td colspan="5"></td></tr>
<tr><td rowspan="2">放款账户</td><td colspan="12">计息总积数</td><td rowspan="2">利率</td><td colspan="9">利息金额</td><td rowspan="4">你单位左列应偿借款利息结算已上述经付你单位账户
此致
借款单位
(银行盖章)</td></tr>
<tr><td>十</td><td>亿</td><td>千</td><td>百</td><td>十</td><td>万</td><td>千</td><td>百</td><td>十</td><td>元</td><td>角</td><td>分</td><td>百</td><td>十</td><td>万</td><td>千</td><td>百</td><td>十</td><td>元</td><td>角</td><td>分</td></tr>
<tr><td>54－67676</td><td></td><td></td><td></td><td>2</td><td>2</td><td>9</td><td>0</td><td>9</td><td>0</td><td>9</td><td>0</td><td>9</td><td>2.75‰</td><td></td><td></td><td></td><td>2</td><td>1</td><td>0</td><td>0</td><td>0</td><td>0</td></tr>
<tr><td></td><td></td><td></td><td></td><td></td><td></td><td></td><td></td><td></td><td></td><td></td><td></td><td></td><td></td><td></td><td></td><td></td><td></td><td></td><td></td><td></td><td></td><td></td></tr>
<tr><td>合计</td><td></td><td></td><td></td><td>2</td><td>2</td><td>9</td><td>0</td><td>9</td><td>0</td><td>9</td><td>0</td><td>9</td><td>2.75‰</td><td></td><td></td><td>¥</td><td>2</td><td>1</td><td>0</td><td>0</td><td>0</td><td>0</td><td rowspan="2"></td></tr>
<tr><td colspan="23">人民币(大写)贰仟壹佰元整</td></tr>
</table>

银行专用章 模拟

业务 34

折旧费用分配表

20×2 年 12 月

单位:元

应借科目	车间、部门	应计折旧固定资产原值	月分类折旧率	月折旧额
制造费用	生产车间	略	略	11 000
管理费用	厂部	略	略	4 000
合计				15 000

业务 35

工资费用分配表

20×2 年 12 月　　　　单位:元

应分配工资 车间部门 / 应借科目	第一车间 A 产品	第二车间 B 产品	车间管理人员	厂部管理人员	合计
生产成本	32 000	28 000			60 000
制造费用			8 000		8 000
管理费用				2 000	2 000
合计	32 000	28 000	8 000	2 000	70 000

业务 36

职工福利费计提表

20×2 年 12 月　　　　单位:元

应借科目	车间、部门	合理预计职工福利费
生产成本	第一车间 A 产品	4 480
	第二车间 B 产品	3 920
	小计	8 400
制造费用	车间管理人员	1 120
管理费用	厂部管理人员	280
合计		9 800

业务 37－1

无形资产摊销表

20×2 年 12 月 31 日　　　　单位:元

项目	摊销金额
专利权	400
非专利技术	600
合计	1 000

业务 37－2

待摊费用分配表

20×2 年 12 月 31 日　　　　单位:元

分配对象		报纸杂志费分配					合计
管理费用	厂部	150					150
合计		150					150

业务 37－3

长期待摊费用摊销计算表

20×2 年 12 月 31 日　　　　单位:元

项目	应借科目	长期待摊费用	摊销期限	摊销金额
房租	管理费用	42 000	84 个月	500
合计				500

业务 38

制造费用分配表

20×2 年 12 月

产品、项目	分配标准/生产工时	分配率/(元/工时)	分配金额/元
A 产品一制造费用	12 000		15 312
B 产品一制造费用	8 000		10 208
合计	20 000	1.276	25 520

制表:王亮

业务 39－1

产品成本计算表

产品名称：A 产品　　　20×2 年 12 月　　　单位：元

项目	数量/件	直接材料费	直接人工费	制造费用	合计
月初在产品成本		14 000	4 560	2 448	21 008
本月费用		287 200	36 480	15 312	338 992
合　计		301 200	41 040	17 760	360 000
完工产品成本	2 250	301 200	41 040	17 760	360 000
单位成本		133.86	18.24	7.9	160
月末在产品成本		—	—	—	—

制表：王亮

业务 39－2

产品成本计算表

产品名称：B 产品　　　20×2 年 12 月　　　单位：元

项目	数量/件	直接材料费	直接人工费	制造费用	合 计
月初在产品成本		16 000	5 016	5 276	26 292
本月费用		219 580	31 920	10 208	261 708
合　计		235 580	36 936	15 484	288 000
完工产品成本	1 200	235 580	36 936	15 484	288 000
单位成本		196.32	30.78	12.9	240
月末在产品成本		—	—	—	—

制表：王亮

业务 39－3

产成品入库单

交库车间：一、二车间　　　20×2 年 12 月 4 日　　　No. 0051

产品编号	产品名称	型号规格	计量单位	送验数量	检验结果		实收数量	备注
					合格	不合格		
	A 产品		件	550	550	—	550	
	B 产品		件	300	300	—	300	

保管员：王亚　　检验员：宋强　　车间负责人：刘学东　　统计员：邱力　　制单：胡生

业务 39－4

产成品入库单

交库车间：一、二车间　　20×2 年 12 月 5 日　　No. 0052

产品编号	产品名称	型号规格	计量单位	送验数量	检验结果		实收数量	备注
					合格	不合格		
	A 产品		件	450	450	—	450	
	B 产品		件	250	250	—	250	

保管员：王亚　　检验员：宋强　　车间负责人：刘学东　　统计员：邱力　　制单：胡生

业务 39－5

产成品入库单

交库车间：一、二车间　　20×2 年 12 月 22 日　　No. 0053

产品编号	产品名称	型号规格	计量单位	送验数量	检验结果		实收数量	备注
					合格	不合格		
	A 产品		件	1 250	1 250	—	1 250	
	B 产品		件	650	650	—	650	

保管员：王亚　　检验员：宋强　　车间负责人：刘学东　　统计员：邱力　　制单：胡生

业务 40

产成品发出汇总表

20×2 年 12 月　　单位：元

品名	数量		单位制造成本	总成本
	销售	其他		
A 产品	3 000		160	480 000
B 产品	2 800		240	672 000
合计	—		—	1 152 000

制表：王亮

业务 41

材料销售成本计算表

20×2 年 12 月　　　　单位:元

材料名称	计量单位	销售数量	单位平均成本	总成本
甲材料	千克	3 000	10.18	30 540
合计		3 000	10.18	30 540

制表:王亮

业务 42

城市维护建设税及教育费附加计算表

20×2 年 12 月 31 日

计算基数		城市维护建设税		教育费附加	
流转税	金额/元	税率/%	金额/元	提取率/%	金额/元
增值税	216 988	7	15 189.16	3	6 509.64
营业税	—				
消费税	—				
合计	216 988		15 189.16		6 509.64

会计主管:赵刚　　　　复核:　　　　制表:王亮

业务 43－1

报　告

市财政局:

我厂经清查发现一台车床盘亏,经厂有关部门鉴定及厂长批准,申报盘亏,原值陆仟元,已提折旧贰仟元,特此报告,请予批复。

北方宏伟通用机械厂财务科

20×2 年 12 月 31 日

业务 43－2

固定资产清查报告单

20×2 年 12 月 31 日　　　　单位:元

名称	原值	已提折旧	净值	原因	厂长签批
车床	8 000	3 000	5 000	盘亏	同意　李林

财务:　　审批:　　主管:　　保管使用:　　制单:王亮

业务 44

批　复

北方宏伟机械厂财务科:

报告已审,同意你厂盘亏车床列入年终决算,并做好账务处理。

（印章：哈尔滨市财政局模拟专用章）

哈尔滨市财政局

20×2 年 12 月 31 日

业务 45

报　告

厂长:

在财产清查中,查明应付光大公司的货款 2 000 元,因债权人单位撤销,确实无法支付,拟按规定转作营业外收入处理,特此报告,请予批复。

（印章：财务专用章 模拟）

财务科

20×2 年 12 月 31 日

批复意见:同意

李林

20×2 年 12 月 31 日

业务 46－1

工商银行进账单 （回单或收账通知）

20×2 年 12 月 31 日　　　　第 121 号

<table>
<tr><td rowspan="3">付款人</td><td>全　称</td><td>大明公司</td><td rowspan="3">收款人</td><td>全　称</td><td colspan="8">北方宏伟机械厂</td></tr>
<tr><td>账　号</td><td>36714881</td><td>账　号</td><td colspan="8">0568009866</td></tr>
<tr><td>开户银行</td><td>农行支行</td><td>开户银行</td><td colspan="8">松江路分理处</td></tr>
<tr><td colspan="3" rowspan="2">人民币（大写）柒仟元整</td><td>千</td><td>百</td><td>十</td><td>万</td><td>千</td><td>百</td><td>十</td><td>元</td><td>角</td><td>分</td></tr>
<tr><td></td><td></td><td></td><td>¥</td><td>7</td><td>0</td><td>0</td><td>0</td><td>0</td><td>0</td></tr>
<tr><td colspan="2">票据种类</td><td>转账支票</td><td colspan="10" rowspan="3">收款人开户银行盖章</td></tr>
<tr><td colspan="2">票据张数</td><td>1</td></tr>
<tr><td colspan="3">单位主管　会计　复核　记账</td></tr>
</table>

（印章：银行专用章　模拟）

业务 46－2

收　据

20×2 年 12 月 31 日

收到 大明公司

人民币（大写）柒仟元整 ¥7 000.00

事由投资收益款

收款单位：财务科　　收款人：李明　　会计：赵刚

（印章：财务专用章　模拟）

业务 47

12 月份所得税计算表

20×2 年 12 月 31 日

应纳税所得额/元	适用税率/%	应纳所得税额/元
	25	

主管　　会计　　复核　　制表：张健

业务 48

12 月份净利润计算表

20×2 年 12 月 31 日　　　　单位：元

损益类账户名称	期末余额		备　注
	借方余额	贷方余额	
主营业务收入			
主营业务成本			
营业税金及附加			
其他业务收入			
其他业务成本			
销售费用			
管理费用			
财务费用			
投资收益			
营业外收入			
营业外支出			
所得税费用			
合计（结转本年利润数）			

主管　　　　会计　　　　复核　　　　制单：王亮

业务 49

法定盈余公积金计提表

20×2 年 12 月 31 日

项　　目	全年税后利润/元	提取比例/%	提取金额/元
法定盈余公积金	2 010 000	10	201 000

主管　　　　会计　　　　复核　　　　制表：王亮

业务 50

董事会决议(摘录)

北方宏伟机械厂董事会决定：
……
第五条：本年度实际的净利润中，向投资者分配利润 300 000 元。
第六条：利润分配事宜，由公司财务科组织实施。

北方宏伟机械厂模拟专用章 模拟
北方宏伟机械厂董事会
董事长：李林
20×2 年 12 月 31 日

业务 51 结转全年的净损溢到利润分配账户。

业务 52 结转已分配的利润，计算年末未分配利润。

二、基础会计综合实训指导

业务 1：

(1) 该笔业务应填制收款凭证。

(2) 该笔业务说明企业 11 月份曾向通江公司销售产品一批，货款 24 000 元没有收到，当时应编制转账凭证，借记“应收账款”账户，表示企业债权的增加。12 月 1 日收到通江公司上月所欠销货款，一方面使企业的银行存款增加，借记“银行存款”账户；另一方面企业应收账款已收回，表明企业债权的减少，贷记“应收账款”账户。

业务 2：

(1) 该笔业务应填制付款凭证。

(2) 企业在国内采购的货物，按照增值税专用发票上注明的增值税额，借记“应交税费—应交增值税（进项税额）”账户，并按照专用发票上记载的应计入采购成本的金额借记“在途物资”账户。“在途物资”账户属于资产类账户，用以核算企业购入材料的采购成本。该账户的借方登记购入材料的采购成本，贷方登记已完成采购手续记入“原材料”账户的材料采购成本，期末借方余额反映尚未到达或已到达尚未验收入库的在途材料。为了计算材料的采购成本，考核材料采购计划的执行情况，应按材料品种或类别设置明细分类账，并按采购成本项目分设专栏。该笔业务由于款项已付，故应贷记“银行存款”账户。

(3) 按照增值税暂行条例，购进或销售货物以及在生产经营过程中支付运输费用，根据运费单据（普通发票）所列运费金额，依 7% 的扣除率计算进项税额准予扣除，但随同运费支付的装卸费、保险费等其他杂费不得计算扣除进项税额。

业务 3：

(1) 该笔业务应填制付款凭证。

(2) 该笔业务的原始凭证为现金支票存根。

(3) 对于涉及“库存现金”和“银行存款”的经济业务，如将现金存入银行或从银行提取现金，为了避免重复记账，一般只编制付款凭证，不编制收款凭证。出纳人员应根据会计人员审核无误的收款凭证和付款凭证办理收付款业务。

业务 4：

(1) 该笔业务应填制付款凭证。

(2) 预付的差旅费属暂付款项，应通过"其他应收款"这个资产类账户核算。预付时记入"其他应收款"账户的借方，报销差旅费以及收回暂付款时记入"其他应收款"账户的贷方。期末借方余额表示尚未收回或报销的暂付款。

业务 5：

(1) 该笔业务应填制转账凭证。

(2) 从明达公司购入的甲材料已运到并已验收入库，应按材料的实际成本入账，借记"原材料"账户，贷记"在途物资"账户。

(3) 材料收入的总分类核算，在材料收入业务不多的企业里，可以根据收料凭证逐日编制记账凭证，并据此登记总账；在材料收入业务很多的企业里，也可以编制"收料凭证汇总表"，于月终时汇总，进行收入材料的总分类核算。

业务 6：

(1) 该笔业务应填制付款凭证。

(2) 预付下年度的报刊订阅费属于待摊费用，应在下年度摊销，记入"长期待摊费用"账户的借方和"银行存款"账户的贷方。"长期待摊费用"账户属于资产类账户，用以核算企业已经支出、但应由本期和以后各期分别负担的分摊期在一年以上的各项费用。企业发生各项待摊费用时记借方，分期摊销时记贷方，期末借方余额表示已经发生但尚未摊销的待摊费用。

业务 7：

(1) 该笔业务应填制付款凭证。

(2) 企业的费用主要包括主营业务成本、其他业务成本、营业税金及附加、销售费用、管理费用和财务费用等。

(3) 管理费用是指企业为组织和管理生产经营活动而发生的各种费用，包括企业在筹建期间发生的开办费，董事会和行政管理部门在企业经营管理中发生的或应由企业统一负担的公司经费、工会经费、董事会费、聘请中介机构费、咨询费、诉讼费、业务招待费、房产税、车船使用税、土地使用税、印花税、技术转让费、矿产资源补偿费、研究费用、排污费等，企业生产车间（部门）和行政管理部门等发生的固定资产修理费用等后续发生，应在发生时计入管理费用。

(4) 管理部门报销业务招待费，应记入"管理费用"账户借方和"库存现金"账户贷方。"管理费用"账户属于费用类账户，核算管理费用的发生和结转情况。该账户借方登记企业发生的各项管理费用，贷方登记期末转入本年利润的管理费用，结转后该账户应无余额。该账户按管理费用的费用项目进行明细核算。

业务 8：

(1) 该笔业务应填制转账凭证。

(2) 该笔业务与业务 2 相似，其不同点只是业务 2 所发生的购货款以银行存款支付，而业务7所发生的款项均未支付。由于款未付，故此笔业务发生后，应贷记“应付账款”账户，表示债务的增加。

（3）材料的采购成本是指企业物资从采购到入库前所发生的全部支出，包括购买价款、相关税费、运输费、装卸费、保险费以及其他可归属于材料采购成本的费用。

业务9：

（1）该笔业务应填制付款凭证。

（2）企业在经营过程中发生的货币收支，除规定范围内可以使用现金外，应当通过开户银行进行转账结算。转账结算是指企业单位之间的款项收付不是动用现金，而是由银行从付款单位的存款账户划转到收款单位的存款账户的货币清算行为。

现金支出的范围是：①职工工资、各种工资性津贴；②个人劳动报酬；③根据国家规定颁发给个人的科学技术、文化艺术、体育等各种奖金；④各种劳保福利费用以及国家规定的对个人的其他现金支出；⑤支付向个人收购农副产品的款项以及其他物资的价款等；⑥支付出差人员必须携带的差旅费；⑦支付各单位在转账结算起点（1 000元人民币）以下的零星开支；⑧经中国人民银行确定需要支付现金的其他支出。

现金收入的范围是：①剩余差旅费和归还备用金等个人的交款；②对个人或不能转账的集体单位的销售收入；③不足转账起点的小额收款，如小额销售收入等。

除上述范围之外的款项收付，一律通过银行办理转账结算，不得收付现金。

（3）银行转账结算方式主要包括银行汇票、商业汇票、银行车票、支票、托收承付、委托收款、汇兑、信用卡和信用证等。

业务10：

（1）该笔业务应填制收款凭证。

（2）向银行借入短期借款存入银行，一方面使企业银行存款增加，借记“银行存款”账户；另一方面表明企业短期债务的增加，贷记“短期借款”账户。

（3）短期借款是指企业为维持或补充正常的生产经营所需资金而向银行或其他金融机构借入的期限在一年以内的各种借款。企业在进行正常的生产经营过程中，由于各种原因，往往需要向银行或其他金融机构取得一定数量的短期借款，以满足生产周转的需要。企业应按照规定的程序，向银行或其他金融机构提出申请，借入短期借款。各种类型的借款都规定有期限和利率，企业必须按期如数归还本金，并及时足额地支付利息，以保证企业生产经营的正常周转以及信贷资金的良性循环。如遇有特殊原因不能归还，应向银行或其他金融机构申请延期还款，经审查同意后可以延期。

（4）为了总括地核算和监督短期借款的取得和归还情况，企业应设置“短期借款”账户。该账户的贷方登记已取得的借款本金，借方登记归还的借款本金，期末贷方余额反映尚未归还的借款。该账户按债权人设置明细账，并按借款种类进行明细分类核算。

（5）短期借款的利息作为一项筹资费用，应记入企业的“财务费用”账户，从当期的收入中补偿。在实际工作中，银行或其他金融机构对于短期借款的利息一般按季结算，企业为了正确核算当期损益，需要通过“应付利息”账户核算按月预计发生的利息并计入各月的财务费用，季末一次支付。短期借款预提利息通过“应付利息”科目核算，不通过货方的短期借款核算，不影响短期借款账面价值。

业务 11：

该笔业务的实训指导，请参见业务 5。

业务 12：

(1) 该笔业务应填制转账凭证。

(2) 无论是耗用外购材料还是自制材料，其费用分配均应根据审核、计价以后的发料凭证，按照材料的具体用途进行：其中直接用于产品生产的材料费用，计入各种产品成本，借记“生产成本”账户；车间一般性耗用材料，先在“制造费用”账户进行归集，期末按一定标准分配转入各种产品的生产成本；企业为管理生产经营活动而发生的材料费用，作为期间费用，借记“管理费用”账户，期末转入“本年利润”账户，而不得计入产品成本。另外，仓库材料发出使库存材料减少，故贷记“原材料”账户。

业务 13：

(1) 该笔业务应填制付款凭证。

(2) 该笔业务一方面使企业的银行存款（资产）减少，另一方面使企业应交纳的税金（负债）减少。该业务涉及“银行存款”和“应交税费”两个账户，故应根据转账支票存根（自制原始凭证）和从税收征收机关取得的原始凭证“税收缴款书”或“税收完税证”（以现金缴纳时使用）为依据，借记“应交税费”、贷记“银行存款”两个总账账户。

业务 14：

该笔业务应填制付款凭证。财务费用是指企业为筹集生产经营所需资金等而发生的筹资费用，包括利息支出（减利息收入）、汇兑损益以及相关手续费、企业发生或收到的现金折扣等。

业务 15：

(1) 该笔业务应填制收款凭证。

(2) 按转账支票内容填写进账单，连同转账支票一并送存开户银行。企业根据银行盖有印章的进账单回单编制收款凭证。

(3) 企业收到的违约金，应作为营业外收入处理，记入“营业外收入”账户的贷方。

业务 16：

(1) 职工出差返回后，应按规定填写报销单。会计人员应严格按照国家规定的费用开支和单位包干标准审核报销单，出纳人员在支付报销款项时，也应按标准逐项复核无误后，支付现金。报销人如预借款项不足支付差旅费，用现金补足；如报销后原借款项有剩余，剩余款应立即退回。

(2) 该笔业务王雷报销差旅费 800 元，退回现金 200 元，出纳人员既收到现金，又收到报销凭证，共 1 000 元，这意味着王雷预借的 1 000 元已全部归还。按有关规定，职工归还借款时，原借款凭据因已入账，不得退还，而应由会计人员另开收据或退还借据副本。对于本业务，出纳人员开出了通用收据，在事由栏注明了收现金 200 元，报销单据 800 元。

(3) 该笔业务应根据差旅费报销单填制一张转账凭证，借记“管理费用”账户，贷记“其他应收款”账户，金额为800元。同时根据通用收据填制一张收款凭证，借记“库存现金”账户，贷记“其他应收款”账户，金额为200元。

(4) 每张记账凭证后所附原始凭证张数，没有经过汇总的原始凭证，按自然张数计算；经过汇总的原始凭证，每一张汇总单或汇总表算一张原始凭证。本业务中转账凭证所附的差旅费报销单后还附有车票、住宿发票等4张单据，这4张单据在报销单“张数”中已作记录。所以，在计算记账凭证附件张数时，这张报销单只能作为一张原始凭证。

业务17：

(1) 该笔业务应填制收款凭证。

(2) 企业应按照权责发生制的要求，合理地确定销售收入的入账时间。本笔业务应根据销货发票和银行进账单（收账通知）确认收入。

(3) 该笔业务一方面使企业的资产——银行存款增加，另一方面使企业的主营业务收入以及负债——增值税（销项税额）增加。

(4) 为了简化销售成本的核算手续，一般于月末按配比原则，根据产成品发出凭证编制“产成品发出汇总表”，一次性结转已销产品成本，故本笔业务和业务25均无须作已销产品成本的结转，而在业务40中集中结转。企业也可在确认销售商品，提供劳务等主营业务收入时，将已售商品成本、已提供劳务成本转入主营业务成本。

业务18：

(1) 该笔业务应填制付款凭证。

(2) 企业在销售产品和材料、提供劳务的过程中发生的各项费用如包装费、运输费、装卸费、保险费、展览费、广告费等，应作为期间费用，于发生时借记“销售费用”账户，期末转入“本年利润”账户。销售费用是与企业销售商品活动有关的费用，但不包括销售商品本身的成本和劳务成本。

(3) 该笔业务广告费已以银行存款支付，故贷记“银行存款”账户。

业务19：

该笔业务的实训指导参见业务3。实务中，企业一般在每月发放工资前，根据“工资结算汇总表”中的“实发金额”栏的合计数向开户银行提取现金。

业务20：

(1) 该笔业务应填制付款凭证。

(2) 以现金发放工资，不论工资的用途如何，一律先借记“应付职工薪酬”账户，贷记“库存现金”账户。月底再按工资的具体用途进行分配（详见业务35实训指导）。

业务21：

该业务应填制付款凭证。企业生产车间和行政管理部门发生的固定资产修理费用应计入管理费用。

业务22：

(1) 该笔业务应填制转账凭证。

(2) 该笔业务和业务17的不同之处在于：①款尚未收到；②销售材料，而非销售产品，所以应收款项应记入“应收账款”账户，收入应记入“其他业务收入”账户。

"应收账款"账户用来核算企业因销售产品、材料、提供劳务等业务，应向购货方或接受劳务方收取的款项。确认应收账款一般应取得下列原始凭证：一是本单位开具的销货发票（专用发票或普通发票）的记账联；二是经本单位分管领导批准的购货方延期付款申请书（或赊销合同、欠条）。

"其他业务收入"账户用来核算企业除产品销售以外的其他销售或其他业务的收入，如材料销售、技术转让、固定资产出租、包装物出租、加工修理修配以外的非工业性劳务的收入。取得其他业务收入时记入该账户的贷方，所以该笔业务应借记"应收账款"账户，贷记"其他业务收入"和"应交税费"两个总账账户。

业务 23：

（1）该笔业务应填制转账凭证。

（2）企业以专利权对外投资，一方面使"无形资产"账户减少，另一方面使"长期股权投资"账户增加。"长期股权投资"账户属资产类账户，企业对外投资时记入该账户的借方，收回投资时记入该账户的贷方。

业务 24：

（1）该笔业务应填制付款凭证。

（2）"管理费用"账户用来核算为组织和管理生产经营活动而发生的各项管理费用，包括企业的董事会和行政管理部门在企业的经营管理中发生的费用，或者应由企业统一负担的公司经费如行政管理部门职工薪酬、修理费、物料消耗、低值易耗品摊销、办公费和差旅费、业务招待费、工会经费、咨询费以及房产税、车船税、土地使用税、印花税、矿产资源补偿费、研究费用等。

（3）该笔业务一方面使企业"管理费用"账户增加，另一方面使企业的"银行存款"账户减少。

业务 25：

（1）该笔业务应填制转账凭证。

（2）该笔业务也是销售产品，但和业务 15 的不同点是它取得的是银行承兑汇票一张。

商业汇票（包括商业承兑汇票和银行承兑汇票）是由出票人签发的，委托付款人在指定日期无条件支付确定的金额给收款人或持票人的票据。销货方收到银行承兑汇票后，应根据销货发票记账联以及银行承兑汇票复印件（原件另外保存，到期时作为收款的依据）借记"应收票据"账户。

业务 26：

该笔业务应填制付款凭证。

业务 27：

（1）该笔业务应填制转账凭证。

（2）应收商业承兑汇票和银行承兑汇票虽都是延期收款的凭据，但两者的风险却不同。商业承兑汇票的承兑人是付款人（购货方），如果到期付款人账户无款可付，银行则将汇票退给收款人，而不承担任何责任，因而风险较大。银行承兑汇票的承兑人是银行，如果到期付款人无款支付，则银行承担付款责任，因而风险几乎为零。

(3) 该笔业务虽因付款人无款支付，使商业承兑汇票作废，但企业的债权并未消失。所以，应借记“应收账款”账户，贷记“应收票据”账户。

业务 28：

(1) 该笔业务应填制转账凭证。

(2) 接受固定资产投资，以评估确认价值或协议价值借记“固定资产”账户，贷记“实收资本”账户。

业务 29：

该笔业务应填制付款凭证。

业务 30：

该笔业务应填制付款凭证。根据权责发生制，预付下一年度的租入固定资产的租赁费属于待摊费用，记入“长期待摊费用”账户借方和“银行存款”账户贷方。

业务 31：

该笔业务应填制转账凭证。该错账更正采用补充登记法，按少记的金额 117 000 元用蓝字填制一张与原记账凭证应借应贷科目相同的记账凭证并据以登账。

业务 32：

(1) 该笔业务应填制转账凭证。

(2) 借款利息如果按季支付，且数额较大，则应采用预提方法，按月预提计入费用。预提时，借记“财务费用”账户，贷记“应付利息”账户（本笔业务的分录）；实际支付时，借记“应付利息”账户，贷记“银行存款”账户。如果实际支付数大于已提数额，其差额应予补提，补提时借记“财务费用”账户，贷记“应付利息”账户。

业务 33：

(1) 该笔业务应填制付款凭证。

(2) 具体实训指导参见业务 32。

业务 34：

(1) 该笔业务应填制转账凭证。

(2) 固定资产由于损耗而应分摊计入某个会计期间的成本或费用，称为折旧费。一方面企业应于期末编制固定资产折旧计算表，计算各车间、部门的折旧额，将生产车间使用的固定资产折旧记入“制造费用”账户借方，将行政管理部门使用的固定资产折旧记入“管理费用”账户；另一方面，为了反映固定资产的原始价值、折旧和净值情况，固定资产因磨损而减少的价值，并不直接记入“固定资产”账户的贷方，而是专门设置“累计折旧”账户，反映固定资产因磨损等造成的价值损耗。“累计折旧”账户是“固定资产”账户备抵调整账户，其余额与“固定资产”账户的余额方向相反。固定资产净值＝固定资产原值－累计折旧。

业务 35：

(1) 该笔业务应填制转账凭证。

(2) 企业应当在职工为其提供服务的会计期间，根据职工提供服务的受益对象，将确认的工资费用计入产品成本和有关费用等：

①生产工人工资，应记入“生产成本”账户。②车间管理人员工资，应记入“制造费用”账户。③行政管理部门人员工资，应记入“管理费用”账户。

(3) 生产工人工资虽然计入产品的生产成本，但由于工资制度的不同，计入成本的方法有所区别。在计件工资制下，工资费用很容易判别出应由哪种产品负担，所以可以根据工人的产品产量记录直接计算工资，并计入有关产品的成本。在计时工资制下，如果只生产一种产品，生产工人工资应直接计入该种产品的成本；如果一个工人参与多种产品的生产，则其工资应采用一定的方法在各种产品之间进行分摊。

(4) 在该笔业务中，一车间工人全部生产 A 产品，二车间工人全部生产 B 产品，因而都可直接计入各自产品的成本。

以上业务应贷记“应付职工薪酬”账户。

业务 36：

(1) 该笔业务应填制转账凭证。

(2) 职工福利费根据历史经验数据和实际情况合理预计，其中，生产工人的福利费应计入产品的生产成本，记入“生产成本”账户；车间管理人员的福利费应先记入“制造费用”账户；行政管理人员的福利费应记入“管理费用”账户。

(3) 计提的职工福利费，在尚未对职工支付时，形成企业的负债，故本业务应贷记“应付职工薪酬”账户。

(4) 计提的福利费主要用于职工的医药费、职工生产困难补助、医务经费、福利部门人员工资等。根据有关凭证，实际对职工支付时，借记“应付职工薪酬”账户，贷记“库存现金”等账户。

业务 37：

(1) 该笔业务应填制转账凭证。

(2) 企业的无形资产包括专利权、非专利技术、著作权、土地使用权、商标权等，它们能在较长时间内为企业带来经济利益。按照配比原则，无形资产的成本必须在其有效期内摊销。按现行企业会计准则规定，无形资产的摊销需设置“累计摊销”账户，按摊销价值借记“管理费用”账户，贷记“累计摊销”账户。

(3) 对前期已经支付，但按照权责发生制和配比原则，应由本期负担的待摊费用（本例为厂部的报刊费），应按应摊费用的部门和用途，分别借记有关账户，故借记“管理费用”账户，贷记“长期待摊费用”账户。

(4) 长期待摊费用摊销直接记入“管理费用”账户。

业务 38：

(1) 该笔业务应填制转账凭证。

(2) 企业发生的各项制造费用，是按其用途和发生地点，通过“制造费用”账户进行归集和分配的。费用发生时，根据有关支出凭证归集在“制造费用”账户的借方，期末应分配转入“生产成本”账户计入产品成本，“制造费用”账户月末一般没有余额。

(3) 在生产一种产品的车间中，制造费用可直接计入其产品成本；在生产多种产品的车间中，就要采用既合理又简便的分配方法，将制造费用分配计入各种产品成本。其分配标准有生产工时、生产工人工资和产品的机器工时等。计算公式如下：

$$制造费用分配率=\frac{制造费用总额}{各种产品实际（定额、机器）工时之和}$$

某产品应负担的制造费用＝该种产品实际（定额、机器）工时数×分配率

业务 39：

(1) 该笔业务应填制转账凭证。

(2) 各种生产费用（直接材料费、直接人工费和制造费用）经过归集和分配后，应登记在按产品品种设置的生产成本明细分类账中，然后可根据各个明细分类账所归集的费用资料，计算每种产品的制造成本和单位成本。该项业务表明，完工入库产品的制造成本，应记入“库存商品”账户的借方和“生产成本”账户的贷方。

(3) 在该业务中应注意“生产成本”账户的期初余额。因为本月产品全部完工入库，在计算本月完工产品成本时，其完工产品成本应包括“生产成本”账户的期初余额和本期发生额两个部分。

(4) 本月完工产品成本＝本月发生生产费用＋月初在产品成本－月末在产品成本。本例中本月产品全部完工，无月末在产品。

业务 40：

(1) 该笔业务应填制转账凭证。

(2) 产品销售成本是指已经售出产品的实际成本。需要注意的是，已销产品的实际成本和完工入库产品的成本是两个不同的概念。完工入库产品的成本是指一定时期内完工入库的产成品在其生产过程中发生的生产费用总和。

(3) 计算产品销售成本可以在每次销售时逐笔结转，也可以在期末一次结转。为简化核算工作，企业一般在期末一次结转。

(4) 该笔业务表明，由于销售产品使企业产成品减少，已销产品成本应从“库存商品”账户的贷方转入“主营业务成本”账户的借方。

业务 41：

(1) 该笔业务应填制转账凭证。

(2)“其他业务成本”账户用来核算企业除产品销售以外的其他销售或其他业务所发生的支出，包括销售成本、提供劳务而发生的相关成本、费用等。材料销售收入属于其他业务收入，相应地，已销材料的成本应通过“其他业务成本”账户核算。

(3) 该笔业务表明，由于销售而使材料减少，已销材料成本应从“原材料”账户的贷方转入“其他业务成本”账户的借方。

业务 42：

(1) 该笔业务应填制转账凭证。

(2) 企业提取的城市维护建设税和教育费附加，应记入“营业税金及附加”账户的借方；已提取尚未缴纳的城市维护建设税，应记入“应交税费——应交城市维护建设税”账户的贷方；已提取尚未缴纳的教育费附加，应记入“应交税费——应交教育费附加”账户的贷方。

业务 43：

(1) 该笔业务应填制转账凭证。

(2) 在财产清查中查明的各种财产盘盈、盘亏和毁损及其处理情况，应通过“待处理财产损溢”账户核算。

待处理财产损溢

发生额	发生额
①发生的待处理的财产盘亏和毁损数额； ②结转已批准的财产盘盈数	①发生的待处理的盘盈数 ②转销已批准的财产盘亏和毁损数

该账户在期末前必须结转完毕，在会计期末无余额。

(3) 对于盘亏的固定资产，企业应及时办理固定资产注销手续，按盘亏固定资产净值，借记“待处理财产损溢”账户；按已提折旧额，借记“累计折旧”账户；按其原值，贷记“固定资产”账户。

业务 44：

(1) 该笔业务应填制转账凭证。

(2)“营业外支出”账户用来核算企业发生的与其日常活动无直接关系的各项损失，主要包括非流动资产处置损失、公益性捐赠支出、盘亏损失、罚款支出、非货币性资产交换损失、债务重组损失等。

(3) 盘亏的固定资产在按规定程序批准后，对于过失人及保险公司的赔偿额应借记“其他应收款”账户；同时，按盘亏固定资产的原值扣除累计折旧和过失人及保险公司赔款后的差额，借记“营业外支出”账户；按盘亏固定资产的净值，贷记“待处理财产损溢”账户。

(4) 该笔业务中，没有过失人及保险公司的赔偿，则将盘亏固定资产净值，借记“营业外支出”账户，同时贷记“待处理财产损溢”账户。

业务 45：

(1) 该笔业务应填制转账凭证。

(2)“营业外收入”账户用来核算企业发生的与其日常活动无直接关系的各项利得，主要包括非流动资产处置利得、政府补助、盘盈利得、捐赠利得、非货币性资产交换利得、债务重组利得等。

(3) 该笔业务中，企业确实无法支付的应付款项，按规定程序批准后应转作营业外收入，借记“应付账款”账户，贷记“营业外收入”账户。

业务 46：

(1) 该笔业务应填制收款凭证。

(2)“投资收益”账户用来核算企业对外投资取得的收益或发生的损失。

(3) 该笔业务中，企业对外投资取得收入引起银行存款的增加和投资收益的增加，应分别记入“银行存款”账户的借方和“投资收益”账户的贷方。若企业发生投资损失，则应记入“投资收益”账户的借方，贷记有关账户。

业务 47：

(1) 该笔业务应填制转账凭证。

(2) 企业对实现的利润，首先应按国家税法规定计算缴纳所得税，然后才能按规定的顺序分配。

(3) 企业计算结转应交所得税，需通过“所得税费用”账户和“应交税费”账户核算，应记入“所得税费用”账户的借方和“应交税费”账户的贷方。

业务 48：

(1) 该笔业务应填制转账凭证。

(2) 按规定，企业于期末应将有关收入账户和投资收益账户的余额，转入“本年利润”账户，以便企业计算财务成果。结转时，各收入收益类账户记借方，“本年利润”账户记贷方，结转后各收入收益类账户无余额。

(3) 在收入收益类账户中，“投资收益”账户较为特殊。因为该账户是用来核算企业对外投资取得的收入或发生的损失，期末若是投资净收益则为贷方余额，若是投资净损失则为借方余额。因此在转入“本年利润”账户时，应注意该账户结转的方向。为投资净收益时，应借记“投资收益”账户，贷方“本年利润”账户（如本例）；为投资净损失时，应借记“本年利润”账户，贷记“投资收益”账户（与本例相反）。

(4) 按规定，企业于期末在将收入账户和投资收益账户转入“本年利润”账户的同时，还应将其余损益类账户也转入“本年利润”账户，这样即可计算出本年实际的净利润（或亏损）。结转时，应借记“本年利润”账户，贷记“主营业务成本”、“营业税金及附加”、“其他业务成本”、“销售费用”、“管理费用”、“财务费用”、“营业外支出”和“所得税费用”等账户。

业务 49：

(1) 该笔业务应填制转账凭证。

(2) 企业税后利润应按下列顺序分配：弥补以前年度亏损；提取法定盈余公积金；提取任意盈余金；向投资者分配利润。经过分配仍有余额，属于未分配利润，是企业留存收益的重要内容。

(3) 该笔业务表明，企业从税后利润中提取盈余公积金，是对已实现利润进行的分配，应减少本年利润。但为了使“本年利润”账户能够反映企业实现净利润的原始数额，应设置“利润分配”账户，用来核算企业利润的分配（或亏损弥补）和历年分配（或弥补）后的结存余额。其借方登记企业提取盈余公积、应付利润等利润分配的去向，贷方登记转入可供分配的利润数额。

(4) 可供分配的利润＝当年实现的利润＋年初未分配利润(或减年初未弥补亏损)＋其他转入。

(5) 该笔提取盈余公积金的业务应记入“利润分配”账户的借方和“盈余公积”账户的贷方。

业务 50：

(1) 该笔业务应填制转账凭证。

(2) “应付股利”账户用来核算经股东大会或类似机构决议，企业付给投资者的利润或现金股利。企业因接受投资而应支付给股东或投资者的现金股利或利润，需通过“应付股利”账户和“利润分配”账户核算，应借记“利润分配”账户，贷记“应付股利”账户。

业务 51：

(1) 该笔业务应填制转账凭证。

(2) 年度终了，企业应将全年实现的净利润或全年发生的亏损转入“利润分配”账户，结转后“本年利润”账户无余额。若本年盈利，将全年实现的净利润转入“利润分配”账户，则借记“本年利润”账户，贷记“利润分配”账户；若全年亏损，结转时则借记“利润分配”账户，贷记“本年利润”账户。

业务 52：

(1) 该笔业务应填制转账凭证。

(2) 年度终了，应将“利润分配”账户的其他明细账户转入“利润分配——未分配利润”明细账户。借记“利润分配——未分配利润”账户，贷记“利润分配——提取法定盈余公积”和“利润分配——应付现金股利或利润”账户。

(3) 企业未分配利润的余额＝可供分配的利润－提取法定盈余公积－提取任意盈余公积－向投资者分配的利润。

(4) 年度终了，除“未分配利润”明细科目外，“利润分配”科目下的其他明细科目应当无余额。

第六章

会计档案管理实训

一、会计档案管理实训概述

(一) 会计档案的内容

会计档案是记录和反映单位经济业务的重要史料和证据，一般包括会计凭证、会计账簿、财务会计报告以及其他会计核算资料。

1. 会计凭证类

会计凭证是记录经济业务、明确经济责任的书面证明，包括原始凭证、原始凭证汇总表、记账凭证、汇总记账凭证等。

2. 会计账簿类

会计账簿是由一定格式、相互联结的账页组成，以会计凭证为依据，全面、连续、系统地记录各项经济业务的簿籍。它包括按会计科目设置的总分类账、各类明细分类账、现金日记账、银行存款日记账以及辅助登记备查簿等。

3. 财务报告类

财务会计报告是反映企业会计某一特定时期的财务状况和一定时期经营成果、现金流量的总结性书面文件，有月度、季度、年度财务会计报告，还包括会计报表附件、附注及文字说明等。

4. 其他会计核算资料

其他会计核算资料属于经济业务范畴，是与会计核算、会计监督紧密相关的，由会计部门负责办理的有关数据资料，如银行存款对账单、银行存款余额调节表，会计档案移交清册、会计档案保管清册、会计档案销毁清册，经济合同、财务数据统计资料等。实行会计电算化的单位存储在磁性介质上的会计数据、程序文件及其他会计核算资料均应视同会计档案一并管理。

(二) 实训目标

会计档案是会计工作的最终产品，是记录和反映经济业务事项的重要历史资料和证据。《会计法》第十五条指出：原始凭证、记账凭证、会计账簿、会计报表及其他会计资料，应当按照国家有关规定建立档案，妥善保管。《会计档案管理办法》第二条规定："国家机关、社会团体、企业、事业单位、按规定应当建账的个体工商户和其他组织，按照本法管理会计档案。"第四条又明确规定："各单位必须加强对会计档案管理工作的领导，建立会计档案的立卷、归档、保管、查阅和销毁等管理制度，保证会计档案妥善保管，有序存放、方便查阅、严防毁损、散失和泄密。"因此，规范地管理会计档案也是会计人员必须熟练掌握的会计技能之一。对学生开展会计档案管理的实训，有助于实现以下目标。

1. 能力目标

(1) 规范地整理、装订会计档案。

(2) 规范地保管会计档案。

(3) 正确地移交会计档案。

(4) 规范地销毁会计档案。

2. 知识目标

(1) 了解会计档案管理知识。

(2) 掌握整理、装订会计档案的方法。

(3) 了解会计档案管理、移交的相关知识。

(4) 能规范地保管、正确地移交会计档案。

(5) 掌握销毁会计档案的相关规定。

3. 实训组织

(1) 实训项目：会计档案管理。

(2) 实训用品：钢笔、蓝黑墨水，剪刀、小刀，铁锥、装订机或小手电钻，捆扎的线绳（最好使用棉线）、铁夹、胶水，凭证封面、封底、包角纸，报表封面、封底，本年度所有会计资料，会计档案盒等。

二、会计档案管理实训技术操作

（一）会计档案的整理立卷

会计年度终了后，应按会计档案材料的关联性，对会计档案进行整理立卷，一般应采用"三统一"的办法，即统一分类标准、统一档案形成、统一管理要求，并分门别类按各卷顺序编号。

1. 统一分类标准

一般将财务会计资料分成一类账簿，二类凭证，三类报表，四类文字资料及其他。

2. 统一档案形成

案册封面、档案卡夹、存放柜和存放序列统一。

3. 统一管理要求

建立会计资料档案簿、会计资料档案目录；会计凭证装订成册，财务会计报表和文字资料分类立卷，其他零星资料按年度排序汇编装订成册。

（二）会计档案的装订

会计档案的装订主要包括会计凭证、会计账簿、会计报表及其他文字资料的装订。

1. 会计凭证的装订

1）会计凭证的整理

装订的范围：原始凭证、记账凭证、科目汇总表、银行对账单等。科目汇总表的工作底稿也可以装订在内，作为科目汇总表的附件。使用计算机的企业，还应将转账凭证清单等装订在内。一般来说企业每月装订一次，但装订前必须要做好以下准备工作。

第一，分类整理。

摘除凭证内的金属物（如订书针、大头针、回形针），分类整理，按顺序排列。会计工作中实际收到的原始凭证纸张往往会大小不一，整理时需要按照记账凭证的大小进行折叠或粘贴。通常，对面积大于记账凭证的原始凭证应采用折叠方法，按照记账凭证的面积尺寸，将原始凭证多余部分先自左向右折叠，再自下向上一次（或两次）折叠。折叠时应注意将凭证的左上角或左侧面空出，以便于装订后展开查阅，如图 6-1、图 6-2 所示。

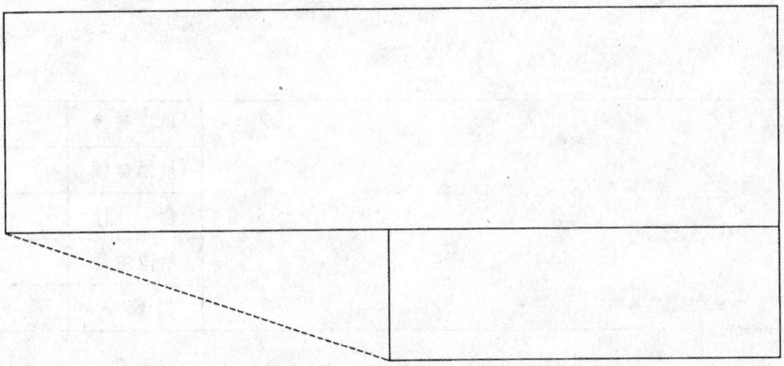

图 6-1　原始凭证折叠示意图

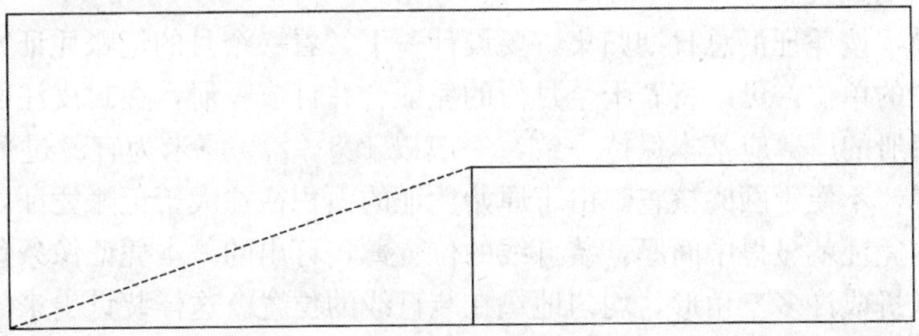

图 6-2　原始凭证折叠示意图

（1）原始凭证折叠。第一步，将原始凭证面积大于记账凭证的部分自左向右折叠。第二步，再自下向上一次（或两次）折叠。

（2）原始凭证粘贴。对于纸张面积过小无法进行装订的原始凭证，则采用粘贴的方法，可按一定的顺序和类别粘贴在“原始凭证粘贴单”上。粘贴时宜用胶水，将小票分别排列，尽量将同类、同金额的单据粘在一起，适当重叠，但要露出数字和编号。粘贴时要注意，如果是板状票证，可以将票面票底轻轻撕开，厚纸板弃之不用；粘贴完成后，应在白纸一旁注明原始凭证的张数和合计金额等内容。原始凭证粘贴单，如图 6-3 所示。对于纸张面积略小于记账凭证的原始凭证，则可以用回形针或大头针别在记账凭证后面，待装订凭证时，抽去回形针或大头针。对于数量过多的原始凭证，如工资结算表、领料单等，可以单独装订保管，但应在封面上注明原始凭证的张数、金额，所属记账凭证的日期、编号、种类。封面应一式两份，一份作为原始凭证装订成册的封面，封面上注明“附件”字样；另一份附在记账凭证的后面，同时在记账凭证上注明“附件另订”，以备查考。此外，各种经济合同、存出保证金收据以及涉外文件等重要原始凭证，应当另编目录，单独登记保管，并在有关的记账凭证和原始凭证上相互注明日期和编号。

单据粘贴位置		
	单据张数	
	报销金额	
	会　　计	
	单位主管	
	报 账 人	

图 6-3　原始凭证粘贴单

第二，按期归集。

装订之前，按凭证汇总日期归集。要设计一下，看一个月的记账凭证究竟订成几册为好。凭证少的单位，可以将若干个月份的凭证合并订成一册，在封皮注明本册所含的凭证月份。每册的厚薄应基本保持一致，一般以 1.5～2.0 厘米为宜。过薄，不利于戳立放置；过厚，不便于翻阅核查。由于原始凭证的面积往往大于记账凭证，从而折叠过多，这样一本凭证就显得中间厚，装订线的位置薄，订出的一本凭证像条鱼一样。这时可以抽一些纸折成许多三角形，均匀地垫在装订线的位置。这样装订出来的凭证就显得整齐、美观、便于翻阅。装订时需要注意的是，不能把几张应属一份记账凭证附件的原始凭证拆开装订在两册之中。

第三，排列正确、手续齐备。

装订之前，按凭证编制日期、字号顺序排列，检查日期、编号是否齐全；如发现有缺号或颠倒，要查明原因后重新排列；再检查附件有否漏缺，领料单、入库单、工资、奖金发放单是否随附齐全；记账凭证上有关人员（如财务主管、复核、记账、制单等人员）的印章是否齐全。

2）会计凭证的装订方法

会计凭证的装订就是将一札一札的会计凭证装订成册，从而方便保管和使用。凭证装订的方法通常有“角订法”和“侧订法”等。

第一，角订法。

第一步：将会计凭证封面和封底裁开，分别附在会计凭证前面和后面，再拿一张专用的包角纸（或质地相同的纸裁剪成包角纸用）。会计凭证要叠放整齐，向左上角磕齐，并用铁夹夹紧。封面如图 6-4 所示，包角纸如图 6-5 所示。

记 账 凭 证 封 面

单位名称	
时　　间	年　　月
册　　数	本月共　　册　　本册是第　　册
张　　数	本册自第　　号至　　号

财务负责人：　　　　装订人：

图 6-4　记账凭证封面

年
月　日
从第　号
至第　号
共　册
此第　册

图 6-5　记账凭证包角纸

第二步：会计凭证叠放整齐，用铁夹夹紧后，在左上角画一边长为 5 厘米的等腰三角形，用装订机在底线上分布均匀地打三个孔（三个眼），如图 6-6 所示。

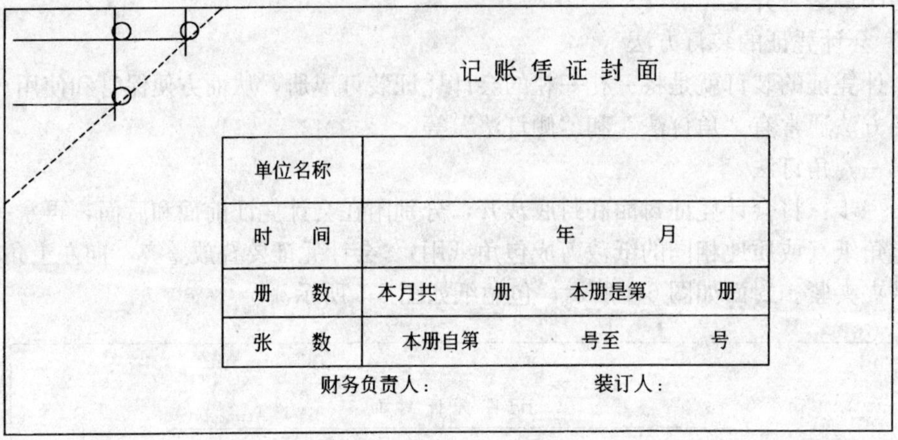

图 6-6 记账凭证打孔封面

第三步：用剪刀剪下长度够捆扎的棉线，用大针引线后，按三孔一线的方法穿线捆扎，打结在封底背面。装订时尽可能缩小所占部位，捆扎结实平整后就可以包角，如图6-7、图6-8所示。

图 6-7 记账凭证打孔封底 1

第四步：包角纸向左上侧面折，从上方包向背面，将侧面和背面的线绳封住，然后抹上胶水，整平、粘牢。这时，包角纸上印刷的“××年×月×第×册”字样正好在凭证左上角中间，填上适当的内容即可，如图 6-8、图 6-9 所示。

图 6-8　记账凭证打孔封底 2

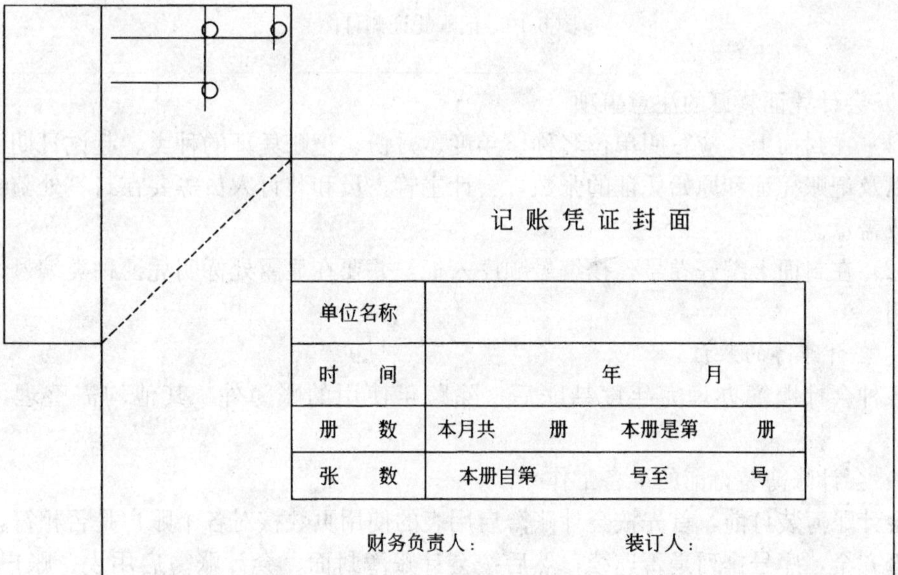

图 6-9　记账凭证角订图

第五步：包角完成待晾干后，在凭证本的侧脊上面写上“某年某月第几册共几册”的字样。装订人在装订线封签处签名或者盖章。现金凭证、银行凭证和转账凭证最好依次顺序编号，一个月从头编一次序号；如果单位的凭证少，可以全年顺序编号。

第二，侧订法。

记账凭证的整理要求与“角订法”相同，不同之处是采用左侧面装订。装订时在封面之上再加一张纸附在封面上，以底边和左侧边为准，对齐、夹紧；左侧打三个洞，把扎绳的中段从孔中引出，留扣，再把扎绳从两端孔引过，并套入中间的留扣中，用力拉紧系好，余绳剪掉。附的纸上抹上胶水，翻转后将左侧和底部粘牢。晾干后，在左侧标上“××年×月第×册”的字样备查，如图 6-10 所示。

记账凭证封面

单位名称	
时　间	年　　月
册　数	本月共　　册　　本册是第　　册
张　数	本册自第　　号至　　号

财务负责人：　　　　装订人：

图 6-10　记账凭证侧订图

3）会计凭证装订的注意事项

（1）在封面上，应写明单位名称、年度、月份、记账凭证的种类、起讫日期、起讫号数以及记账凭证和原始凭证的张数，会计主管人员和装订人员等要在封签处骑缝线上签名或盖章。

（2）在封面上编好卷号，按编号顺序入柜，并要在显露处标明凭证种类编号，以便于调阅。

2. 会计账簿的装订

各种会计账簿办理完年度结账后，除跨年使用的账簿外，其他均需整理，妥善保管。

1）会计账簿装订前的准备工作

会计账簿装订前，首先按会计账簿启用表的使用页数核对各个账户是否相符，账页数是否齐全，序号排列是否连续；然后按会计账簿封面、会计账簿启用表、账户目录、该会计账簿按页数顺序排列的账页、会计账簿装订封底的顺序装订。应注意的是，会计账簿内部应编好目录，建立索引，贴上相应数额的印花税票。

2）活页账簿的装订

（1）会计账簿在办理完年度结账后，只在下一行的摘要栏填写“结转下年”字样，“结转下年”一行下如还有空白行，应从右上角至左下角划一条斜线注销。

（2）会计账簿在装订前，应按会计账簿启用表的使用页数，核对各个账户账面是否齐全，是否按顺序排列。

（3）活页账簿去空白页后，将本账面数项填写齐全，装订成册。不同规格的活页账不得装订在一起。

（4）会计账簿的装订顺序：会计账簿装订封面；账簿启用表；账户目录；按本账簿页数，顺序装订账页；会计账簿装订封底。

（5）装订后的会计账簿应牢固、平整，不得有折角、掉页现象。

（6）会计账簿装订的封口处，应加盖装订人印章。

（7）装订后，会计账簿的脊背应平整，并注明所属年度及账簿名称和编号。

（8）会计账簿的编号为一年一编，编号顺序为总账、现金日记账、银行存款日记账、明细账、辅助账。会计账簿在使用过程中，应妥善保管。会计账簿的封面颜色，同一年度内力求统一，逐年更换颜色，便于区别年度。这样，在找账查账时就会比较方便。会计账簿内部，应编好账户目录，建立科目索引表。注意贴上相应数额的印花税票。活页账本可以用线绳系起来或活页拴拴起来。

（9）在过次年后，应将会计账簿装订整齐，活页账要编好科目目录、页码，用线绳系好，或活页拴拴起来，在封面上写明会计账簿的种类、启用单位、启用时间。在会计账簿的脊背上，同样要写明会计账簿种类、时间。会计业务量小的单位，会计账簿可以不贴口取纸；会计业务量大的单位，会计账簿上应该贴口取纸。可以按一级科目，依账页顺序由前往后，自上而下地粘贴。当合起账簿时，全部口取纸应该整齐、均匀，并能够显露出科目名称。最好不要在会计账簿上下两侧贴口取纸，而应在右侧粘贴，以保证会计账簿的整齐、美观和大方。存档时可以戳立放置，以便抽取，如图6-11所示。

图 6-11　会计账簿的装订

（10）实行会计电算化的单位，会计账簿的装订类似于记账凭证的侧订法。

3）财务会计报告的装订

财务会计报告编制完成及时报送后，留存的财务会计报告按月装订成册谨防丢失。小企业可按季装订成册，如图 6-12 所示。

（1）财务会计报告装订前要按编报目录核对是否齐全，整理报表页数，上边和左边对齐压平，防止折角，如有损坏部位，应在修补后，完整无缺地装订。

（2）财务会计报告装订顺序依次为财务会计报告封面、财务会计报告编制说明、各种不同财务会计报告按编号顺序排列、财务会计报告的封底。

（3）按保管期限编制卷号。

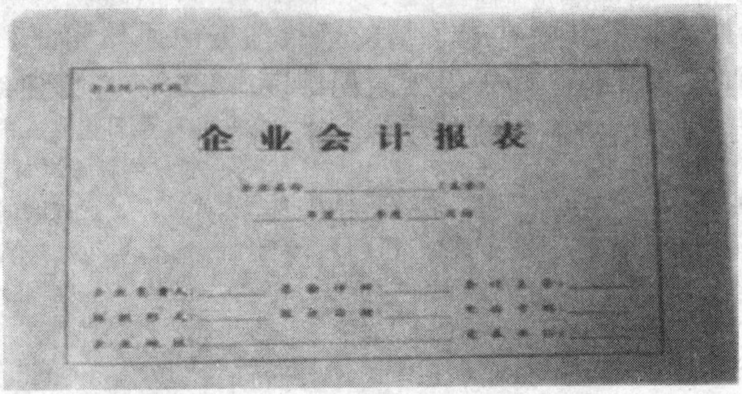

图 6-12 企业会计报告装订

（三）会计档案的保管

《会计档案管理办法》规定："当年会计档案，在会计年度终了后，可暂由本单位财务会计部门保管一年，期满之后原则上应由财务会计部门编制清册，移交本单位的档案部门保管。"根据上述规定，会计档案的保管要求主要有如下一些。

1. 会计档案的移交手续

财务会计部门在将会计档案移交本单位档案部门时，应按下列程序进行：

（1）开列清册，填写交接清单；

（2）在账簿使用日期栏填写移交日期；

（3）交接人员按移交清册和交接清单项目核查无误后签章。

2. 会计档案的保管要求

（1）会计档案应存放在干燥防水、远离易燃品堆放的地方，周围应备有适当的防火器材。

（2）采用透明塑料膜作防尘罩、防尘布，遮盖所有档案架并堵塞鼠洞。

（3）会计档案室应经常用消毒药剂喷洒，保持清洁卫生，以防虫蛀。

（4）会计档案室保持通风透光，并有适当的空间，以利查阅，并防止潮湿、霉变。

（5）设置归档登记簿、档案目录登记簿、档案借阅登记簿，严防毁坏、散失和泄密。

（6）会计电算化档案保管要注意防盗、防磁等安全措施。

（7）按规定的保管期限保管会计档案（会计档案的保管期限是从会计年度终了后的第一天算起，如 2007 年度终了日为 12 月 31 日，保管期限从 2008 年 1 月 1 日开始计算）。

3. 会计档案的借阅

（1）会计档案为本单位提供和利用，原则上不得借出。如有特殊需要，经单位负责人批准，在不拆散原卷册的前提下，可以提供查阅或复制。但必须办理登记手续，登记查阅人或复制人的姓名、单位、查阅日期、查阅内容等，以便备查。

（2）查阅会计档案人员不得在案卷上乱画和标记，拆散原卷册，也不得涂改抽换。

（四）会计档案的销毁

会计档案保管期满，需要销毁时，由单位档案管理部门会同会计部门共同鉴定、严格审查，提出销毁意见，编制会计档案销毁清册，报单位负责人在会计档案销毁清册上签署销毁意见后方可销毁。

销毁档案前，应按会计档案销毁清册所列的内容逐一清查核对；销毁时应由档案部门和会计部门共同派员监销；国家机关销毁会计档案时，则应当由同级财政部门、审计部门派员参加监销；会计档案销毁后监销人员应当在“销毁清册”上签章，注明“已销毁”字样和销毁日期，以示负责，同时将监销情况写出书面报告一式两份，一份报本单位领导，一份归入档案备查。

会计档案保管期满，但其中有未了结的债权债务的原始凭证和涉及其他未了事项的原始凭证，如在建基建工程凭证、尚未报废的固定资产凭证，应单独抽出，另行立卷，不得销毁，应由档案部门保管到结清债权债务或了结事项时为止。

参考文献

陈国辉，陈文铭，傅丹．2006．基础会计实训教程．大连：东北财经大学出版社
程淮中．2007．基础会计实训．北京：高等教育出版社
孟彩红、张红霞．2009．会计分岗实训教程．上海：立信会计出版社
孙万军．2009．会计岗位综合实训北京：高等教育出版社
王彤彤．2008．会计综合实训．北京：中国财政经济出版社
张颖萍．2009．基础会计实训教程．上海：上海财经大学出版社

会计基础工作规范

财会字〔1996〕19号

颁布时间：1996-06-17

第一章　总　则

第一条　为了加强会计基础工作，建立规范的会计工作秩序，提高会计工作水平，根据《中华人民共和国会计法》的有关规定，制定本规范。

第二条　国家机关、社会团体、企业、事业单位、个体工商户和其他组织的会计基础工作，应当符合本规范的规定。

第三条　各单位应当依据有关法律、法规和本规范的规定，加强会计基础工作，严格执行会计法规制度，保证会计工作依法有序地进行。

第四条　单位领导人对本单位的会计基础工作负有领导责任。

第五条　各省、自治区、直辖市财政厅（局）要加强对会计基础工作的管理和指导，通过政策引导、经验交流、监督检查等措施，促进基层单位加强会计基础工作，不断提高会计工作水平。

国务院各业务主管部门根据职责权限管理本部门的会计基础工作。

第二章　会计机构和会计人员

第一节　会计机构设置和会计人员配备

第六条　各单位应当根据会计业务的需要设置会计机构；不具备单独设置会计机构条件的，应当在有关机构中配备专职会计人员。

事业行政单位会计机构的设置和会计人员的配备，应当符合国家统一事业行政单位会计制度的规定。

设置会计机构，应当配备会计机构负责人；在有关机构中配备专职会计人员，应当在专职会计人员中指定会计主管人员。

会计机构负责人、会计主管人员的任免，应当符合《中华人民共和国会计法》和有关法律的规定。

第七条　会计机构负责人、会计主管人员应当具备下列基本条件：

（一）坚持原则，廉洁奉公；

（二）具有会计专业技术资格；

（三）主管一个单位或者单位内一个重要方面的财务会计工作时间不少于2年；

（四）熟悉国家财经法律、法规、规章和方针、政策，掌握本行业业务管理的有关知识；

（五）有较强的组织能力；

（六）身体状况能够适应本职工作的要求。

第八条　没有设置会计机构和配备会计人员的单位，应当根据《代理记账管理暂行办法》委托会计师事务所或者持有代理记账许可证书的其他代理记账机构进行代理记账。

第九条　大中型企业、事业单位、业务主管部门应当根据法律和国家有关规定设置总会计师。总会计师由具有会计师以上专业技术资格的人员担任。

总会计师行使《总会计师条例》规定的职责、权限。

总会计师的任命（聘任）、免职（解聘）依照《总会计师条例》和有关法律的规定办理。

第十条　各单位应当根据会计业务需要配备持有会计证的会计人员。未取得会计证的人员，不得从事会计工作。

第十一条　各单位应当根据会计业务需要设置会计工作岗位。

会计工作岗位一般可分为：会计机构负责人或者会计主管人员、出纳、财产物资核算、工资核算、成本费用核算、财务成果核算、资金核算、往来结算、总账报表、稽核、档案管理等。开展会计电算化和管理会计的单位，可以根据需要设置相应工作岗位，也可以与其他工作岗位相结合。

第十二条　会计工作岗位，可以一人一岗、一人多岗或者一岗多人。但出纳人员不得兼管稽核、会计档案保管和收入、费用、债权债务账目的登记工作。

第十三条　会计人员的工作岗位应当有计划地进行轮换。

第十四条　会计人员应当具备必要的专业知识和专业技能，熟悉国家有关法律、法规、规章和国家统一会计制度，遵守职业道德。

会计人员应当按照国家有关规定参加会计业务的培训。各单位应当合理安排会计人员的培训，保证会计人员每年有一定时间用于学习和参加培训。

第十五条　各单位领导人应当支持会计机构、会计人员依法行使职权；对忠于职守，坚持原则，做出显著成绩的会计机构、会计人员，应当给予精神的和物质的奖励。

第十六条　国家机关、国有企业、事业单位任用会计人员应当实行回避制度。

单位领导人的直系亲属不得担任本单位的会计机构负责人、会计主管人员。会计机构负责人、会计主管人员的直系亲属不得在本单位会计机构中担任出纳工作。

需要回避的直系亲属为：夫妻关系、直系血亲关系、三代以内旁系血亲以及配偶亲关系。

第二节　会计人员职业道德

第十七条　会计人员在会计工作中应当遵守职业道德，树立良好的职业品质、严谨的工作作风，严守工作纪律，努力提高工作效率和工作质量。

第十八条　会计人员应当热爱本职工作，努力钻研业务，使自己的知识和技能适应所从事工作的要求。

第十九条　会计人员应当熟悉财经法律、法规、规章和国家统一会计制度，并结合会计工作进行广泛宣传。

第二十条　会计人员应当按照会计法律、法规和国家统一会计制度规定的程序和要求进行会计工作，保证所提供的会计信息合法、真实、准确、及时、完整。

第二十一条　会计人员办理会计事务应当实事求是、客观公正。

第二十二条　会计人员应当熟悉本单位的生产经营和业务管理情况，运用掌握的会计信息和会计方法，为改善单位内部管理、提高经济效益服务。

第二十三条　会计人员应当保守本单位的商业秘密。除法律规定和单位领导人同意外，不能私自向外界提供或者泄露单位的会计信息。

第二十四条　财政部门、业务主管部门和各单位应当定期检查会计人员遵守职业道德的情况，并作为会计人员晋升、晋级、聘任专业职务、表彰奖励的重要考核依据。

会计人员违反职业道德的，由所在单位进行处罚；情节严重的，由会计证发证机关吊销其会计证。

第三节　会计工作交接

第二十五条　会计人员工作调动或者因故离职，必须将本人所经管的会计工作全部移交给接替人员。没有办清交接手续的，不得调动或者离职。

第二十六条　接替人员应当认真接管移交工作，并继续办理移交的未了事项。

第二十七条　会计人员办理移交手续前，必须及时做好以下工作：

（一）已经受理的经济业务尚未填制会计凭证的，应当填制完毕。

（二）尚未登记的账目，应当登记完毕，并在最后一笔余额后加盖经办人员印章。

（三）整理应该移交的各项资料，对未了事项写出书面材料。

（四）编制移交清册，列明应当移交的会计凭证、会计账簿、会计报表、印章、现金、有价证券、支票簿、发票、文件、其他会计资料和物品等内容；实行会计电算化的单位，从事该项工作的移交人员还应当在移交清册中列明会计软件及密码、会计软件数据磁盘（磁带等）及有关资料、实物等内容。

第二十八条　会计人员办理交接手续，必须有监交人负责监交。一般会计人员交接，由单位会计机构负责人、会计主管人员负责监交；会计机构负责人、会计主管人员交接，由单位领导人负责监交，必要时可由上级主管部门派人会同监交。

第二十九条　移交人员在办理移交时，要按移交清册逐项移交；接替人员要逐项核对点收。

（一）现金、有价证券要根据会计账簿有关记录进行点交。库存现金、有价证券必须与会计账簿记录保持一致。不一致时，移交人员必须限期查清。

（二）会计凭证、会计账簿、会计报表和其他会计资料必须完整无缺。如有短缺，必须查清原因，并在移交清册中注明，由移交人员负责。

（三）银行存款账户余额要与银行对账单核对，如不一致，应当编制银行存款余额调节表调节相符，各种财产物资和债权债务的明细账户余额要与总账有关账户余额核对相符；必要时，要抽查个别账户的余额，与实物核对相符，或者与往来单位、个人核对清楚。

（四）移交人员经管的票据、印章和其他实物等，必须交接清楚；移交人员从事会计电算化工作的，要对有关电子数据在实际操作状态下进行交接。

第三十条　会计机构负责人、会计主管人员移交时，还必须将全部财务会计工作、重大财务收支和会计人员的情况等，向接替人员详细介绍。对需要移交的遗留问题，应当写出书面材料。

第三十一条　交接完毕后，交接双方和监交人员要在移交注册上签名或者盖章，并应在移交注册上注明：单位名称，交接日期，交接双方和监交人员的职务、姓名，移交清册页数以及需要说明的问题和意见等。

移交清册一般应当填制一式三份，交接双方各执一份，存档一份。

第三十二条　接替人员应当继续使用移交的会计账簿，不得自行另立新账，以保持会计记录的连续性。

第三十三条　会计人员临时离职或者因病不能工作且需要接替或者代理的，会计机构负责人、会计主管人员或者单位领导人必须指定有关人员接替或者代理，并办理交接手续。

临时离职或者因病不能工作的会计人员恢复工作的，应当与接替或者代理人员办理交接手续。

移交人员因病或者其他特殊原因不能亲自办理移交的，经单位领导人批准，可由移交人员委托他人代办移交，但委托人应当承担本规范第三十五条规定的责任。

第三十四条　单位撤销时，必须留有必要的会计人员，会同有关人员办理清理工作，编制决算。未移交前，不得离职。接收单位和移交日期由主管部门确定。

单位合并、分立的，其会计工作交接手续比照上述有关规定办理。

第三十五条　移交人员对所移交的会计凭证、会计账簿、会计报表和其他有关资料的合法性、真实性承担法律责任。

第三章　会计核算

第一节　会计核算一般要求

第三十六条　各单位应当按照《中华人民共和国会计法》和国家统一会计制度的规定建立会计账册，进行会计核算，及时提供合法、真实、准确、完整的会计信息。

第三十七条　各单位发生的下列事项，应当及时办理会计手续、进行会计核算：

（一）款项和有价证券的收付；

（二）财物的收发、增减和使用；

（三）债权债务的发生和结算；

（四）资本、基金的增减；

（五）收入、支出、费用、成本的计算；

（六）财务成果的计算和处理；

（七）其他需要办理会计手续、进行会计核算的事项。

第三十八条　各单位的会计核算应当以实际发生的经济业务为依据，按照规定的会计处理方法进行，保证会计指标的口径一致、相互可比和会计处理方法的前后各期相一致。

第三十九条　会计年度自公历1月1日起至12月31日止。

第四十条　会计核算以人民币为记账本位币。

收支业务以外国货币为主的单位，也可以选定某种外国货币作为记账本位币，但是编制的会计报表应当折算为人民币反映。

境外单位向国内有关部门编报的会计报表，应当折算为人民币反映。

第四十一条　各单位根据国家统一会计制度的要求，在不影响会计核算要求、会计报表指标汇总和对外统一会计报表的前提下，可以根据实际情况自行设置和使用会计科目。

事业行政单位会计科目的设置和使用，应当符合国家统一事业行政单位会计制度的规定。

第四十二条　会计凭证、会计账簿、会计报表和其他会计资料的内容和要求必须符合国家统一会计制度的规定，不得伪造、变造会计凭证和会计账簿，不得设置账外账，不得报送虚假会计报表。

第四十三条　各单位对外报送的会计报表格式由财政部统一规定。

第四十四条　实行会计电算化的单位，对使用的会计软件及其生成的会计凭证、会计账簿。会计报表和其他会计资料的要求，应当符合财政部关于会计电算化的有关规定。

第四十五条　各单位的会计凭证、会计账簿、会计报表和其他会计资料，应当建立档案，妥善保管。会计档案建档要求、保管期限、销毁办法等依据《会计档案管理办法》的规定进行。

实行会计电算化的单位，有关电子数据、会计软件资料等应当作为会计档案进行管理。

第四十六条　会计记录的文字应当使用中文，少数民族自治地区可以同时使用少数民族文字。中国境内的外商投资企业、外国企业和其他外国经济组织也可以同时使用某种外国文字。

第二节　填制会计凭证

第四十七条　各单位办理本规范第三十七条规定的事项，必须取得或者填制原始凭证，并及时送交会计机构。

第四十八条　原始凭证的基本要求如下。

（一）原始凭证的内容必须具备：凭证的名称；填制凭证的日期；填制凭证单位名称或者填制人姓名；经办人员的签名或者盖章；接受凭证单位名称；经济业务内容；数量、单价和金额。

（二）从外单位取得的原始凭证，必须盖有填制单位的公章；从个人取得的原始凭证，必须有填制人员的签名或者盖章。自制原始凭证必须有经办单位领导人或者其指定的人员签名或者盖章。对外开出的原始凭证，必须加盖本单位公章。

（三）凡填有大写和小写金额的原始凭证，大写与小写金额必须相符。购买实物的原始凭证，必须有验收证明。支付款项的原始凭证。必须有收款单位和收款人的收款证明。

（四）一式几联的原始凭证，应当注明各联的用途，只能以一联作为报销凭证。一式几联的发票和收据，必须用双面复写纸（发票和收据本身具备复写纸功能的除外）套写，并连续编号。作废时应当加盖“作废”戳记，连同存根一起保存，不得撕毁。

（五）发生销货退回的，除填制退货发票外，还必须有退货验收证明；退款时，必须取得对方的收款收据或者汇款银行的凭证，不得以退货发票代替收据。

（六）职工公出借款凭据，必须附在记账凭证之后。收回借款时，应当另开收据或者退还借据副本，不得退还原借款收据。

（七）经上级有关部门批准的经济业务，应当将批准文件作为原始凭证附件。如果批准文件需要单独归档的，应当在凭证上注明批准机关名称、日期和文件字号。

第四十九条　原始凭证不得涂改、挖补。发现原始凭证有错误的，应当由开出单位重开或者更正，更正处应当加盖开出单位的公章。

第五十条　会计机构、会计人员要根据审核无误的原始凭证填制记账凭证。

记账凭证可以分为收款凭证、付款凭证和转账凭证，也可以使用通用记账凭证。

第五十一条　记账凭证的基本要求如下。

（一）记账凭证的内容必须具备：填制凭证的日期；凭证编号；经济业务摘要；会计科目；金额；所附原始凭证张数；填制凭证人员、稽核人员、记账人员、会计机构负责人、会计主管人员签名或者盖章。收款和付款记账凭证还应当由出纳人员签名或者盖章。

以自制的原始凭证或者原始凭证汇总表代替记账凭证的，也必须具备记账凭证应有的项目。

（二）填制记账凭证时，应当对记账凭证进行连续编号。一笔经济业务需要填制两张以上记账凭证的，可以采用分数编号法编号：

（三）记账凭证可以根据每一张原始凭证填制，或者根据若干张同类原始凭证汇总填制，也可以根据原始凭证汇总表填制。但不得将不同内容和类别的原始凭证汇总填制在一张记账凭证上。

（四）除结账和更正错误的记账凭证可以不附原始凭证外，其他记账凭证必须附有原始凭证。如果一张原始凭证涉及几张记账凭证，可以把原始凭证附在一张主要的记账凭证后面，并在其他记账凭证上注明附有该原始凭证的记账凭证的编号或者附原始凭证复印机。

一张原始凭证所列支出需要几个单位共同负担的，应当将其他单位负担的部分，开给对方原始凭证分割单，进行结算。原始凭证分割单必须具备原始凭证的基本内容：凭证名称、填制凭证日期、填制凭证单位名称或者填制人姓名、经办人的签名或者盖章、接受凭证单位名称、经济业务内容、数量、单价、金额和费用分摊情况等。

（五）如果在填制记账凭证时发生错误，应当重新填制。

已经登记入账的记账凭证，在当年内发现填写错误时，可以用红字填写一张与原内容相同的记账凭证，在摘要栏注明“注销某月某日某号凭证”字样，同时再用蓝字重新填制一张正确的记账凭证，注明“订正某月某日某号凭证”字样。如果会计科目没有错误，只是金额错误，也可以将正确数字与错误数字之间的差额，另编一张调整的记账凭证，调增金额用蓝字，调减金额用红字。发现以前年度记账凭证有错误的，应当用蓝字填制一张更正的记账凭证。

（六）记账凭证填制完经济业务事项后，如有空行，应当自金额栏最后一笔金额数字下的空行处至合计数上的空行处划线注销。

第五十二条　填制会计凭证，字迹必须清晰、工整，并符合下列要求：

（一）阿拉伯数字应当一个一个地写，不得连笔写。阿拉伯金额数字前面应当书写货币币种符号或者货币名称简写和币种符号。币种符号与阿拉伯金额数字之间不得留有空白。凡阿拉伯数字前写有币种符号的，数字后面不再写货币单位。

（二）所有以元为单位（其他货币种类为货币基本单位，下同）的阿拉伯数字，除表示单价等情况外，一律填写到角分；元角分的，角位和分位可写“00”，或者符号“一”；有角无分的，分位应当写“0”，不得用符号“一”代替。

（三）汉字大写数字金额如零、壹、贰、叁、肆、伍、陆、柒、捌、玖、拾、佰、仟、万、亿等，一律用正楷或者行书体书写，不得用0、一、二、三、四、五、六、七、八、九、十等简化字代替，不得任意自造简化字。大写金额数字到元或者角为止的，在“元”或者“角”字之后应当写“整”字或者“正”字；大写金额数字有分的，分字后面不写“整”或者“正”字。

（四）大写金额数字前未印有货币名称的，应当加填货币名称，货币名称与金额数字之间不得留有空白。

（五）阿拉伯金额数字中间有“0”时，汉字大写金额要写“零”字；阿拉伯数字金额中间连续有几个“0”时，汉字大写金额中可以只写一个“零”字；阿拉伯金额数字元位是“0”，或者数字中间连续有几个“0”、元位也是“0”但角位不是“0”时，汉字大写金额可以只写一个“零”字，也可以不写“零”字。

第五十三条　实行会计电算化的单位，对于机制记账凭证，要认真审核，做到会计科目使用正确，数字准确无误。打印出的机制记账凭证要加盖制单人员、审核人员、记账人员及会计机构负责人、会计主管人员印章或者签字。

第五十四条　各单位会计凭证的传递程序应当科学、合理，具体办法由各单位根据会计业务需要自行规定。

第五十五条　会计机构、会计人员要妥善保管会计凭证。

（一）会计凭证应当及时传递，不得积压。

（二）会计凭证登记完毕后，应当按照分类和编号顺序保管，不得散乱丢失。

（三）记账凭证应当连同所附的原始凭证或者原始凭证汇总表，按照编号顺序，折叠整齐，按期装订成册，并加具封面，注明单位名称、年度、月份和起讫日期、凭证种类、起讫号码，由装订人在装订线封签外签名或者盖章。

对于数量过多的原始凭证，可以单独装订保管，在封面上注明记账凭证日期、编号、种类，同时在记账凭证上注明“附件另订”和原始凭证名称及编号。

各种经济合同、存出保证金收据以及涉外文件等重要原始凭证，应当另编目录，单独登记保管，并在有关的记账凭证和原始凭证上相互注明日期和编号。

（四）原始凭证不得外借，其他单位如因特殊原因需要使用原始凭证时，经本单位会计机构负责人、会计主管人员批准，可以复制。向外单位提供的原始凭证复制件，应当在专设的登记簿上登记，并由提供人员和收取人员共同签名或者盖章。

（五）从外单位取得的原始凭证如有遗失，应当取得原开出单位盖有公章的证明，并注明原来凭证的号码、金额和内容等，由经办单位会计机构负责人、会计主管人员和单位领导人批准后，才能代作原始凭证。如果确实无法取得证明的，如火车、轮船、飞机票等凭证，由当事人写出详细情况，由经办单位会计机构负责人、会计主管人员和单位领导人批准后，代作原始凭证。

第三节　登记会计账簿

第五十六条　各单位应当按照国家统一会计制度的规定和会计业务的需要设置会计账簿。会计账簿包括总账、明细账、日记账和其他辅助性账簿。

第五十七条　现金日记账和银行存款日记账必须采用订本式账簿。不得用银行对账单或者其他方法代替日记账。

第五十八条　实行会计电算化的单位，用计算机打印的会计账簿必须连续编号，经审核无误后装订成册，并由记账人员和会计机构负责人、会计主管人员签字或者盖章。

第五十九条　启用会计账簿时，应当在账簿封面上写明单位名称和账簿名称。在账簿扉页上应当附启用表，内容包括：启用日期、账簿页数、记账人员和会计机构负责人、会计主管人员姓名，并加盖名章和单位公章。记账人员或者会计机构负责人、会计主管人员调动工作时，应当注明交接日期、接办人员或者监交人员姓名，并由交接双方人员签名或者盖章。

启用订本式账簿，应当从第一页到最后一页顺序编定页数，不得跳页、缺号。使用活页式账页，应当按账户顺序编号，并须定期装订成册。装订后再接实际使用的账页顺序编定页码。另加目录，记明每个账户的名称和页次。

第六十条　会计人员应当根据审核无误的会计凭证登记会计账簿。登记账簿的基本要求如下。

（一）登记会计账簿时，应当将会计凭证日期、编号、业务内容摘要、金额和其他有关资料逐项记入账内；做到数字准确、摘要清楚、登记及时、字迹工整。

（二）登记完毕后，要在记账凭证上签名或者盖章，并注明已经登账的符号，表示已经记账。

（三）账簿中书写的文字和数字上面要留有适当空格，不要写满格；一般应占格距的二分之一。

（四）登记账簿要用蓝黑墨水或者碳素墨水书写，不得使用圆珠笔（银行的复写账簿除外）或者铅笔书写。

（五）下列情况，可以用红色墨水记账：

1. 按照红字冲账的记账凭证，冲销错误记录；

2. 在不设借贷等栏的多栏式账页中，登记减少数；

3. 在三栏式账户的余额栏前，如未印明余额方面的，在余额栏内登记负数余额；

4. 根据国家统一会计制度的规定可以用红字登记的其他会计记录。

（六）各种账簿按页次顺序连续登记，不得跳行、隔页。如果发生跳行、隔页，应当将空行、空页划线注销，或者注明“此行空白”、“此页空白”字样，并由记账人员签名或者盖章。

（七）凡需要结出余额的账户，结出余额后。应当在“借或贷”等栏内写明“借”或者“贷”等字样。没有余额的账户，应当在“借或贷”等栏内写“平”字，并在余额栏内用“0”表示。

现金日记账和银行存款日记账必须逐日结出余额。

（八）每一账页登记完毕结转下页时，应当结出本页合计数及余额，写在本页最后一行和下页第一行有关栏内，并在摘要栏内注明“过次页”和“承前页”字样；也可以将本页合计数及金额只写在下页第一行有关栏内，并在摘要栏内注明“承前页”字样。

对需要结计本月发生额的账户，结计“过次页”的本页合计数应当为自本月初起至本页末止的发生额合计数；对需要结计本年累计发生额的账户，结计“过次页”的本页合计数应当为自年初起至本页末止的累计数；对既不需要结计本月发生额也不需要结计本年累计发生额的账户，可以只将每页末的余额结转次页。

第六十一条　实行会计电算化的单位，总账和明细账应当定期打印。

发生收款和付款业务的，在输入收款凭证和付款凭证的当天必须打印出现金日记账和银行存款日记账，并与库存现金核对无误。

第六十二条　账簿记录发生错误，不准涂改、挖补、刮擦或者用药水消除字迹，不准重新抄写，必须按照下列方法进行更正：

（一）登记账簿时发生错误，应当将错误的文字或者数字划红线注销，但必须使原有字迹仍可辨认；然后在划线上方填写正确的文字或者数字，并由记账人员在更正处盖章。对于错误的数字，应当全部划红线更正，不得只更正其中的错误数字。对于文字错误，可只划去错误的部分。

（二）由于记账凭证错误而使账簿记录发生错误，应当按更正的记账凭证登记账簿。

第六十三条　各单位应当定期对会计账簿记录的有关数字与库存实物、货币资金、有价证券、往来单位或者个人等进行相互核对，保证账证相符、账账相符、账实相符。对账工作每年至少进行一次。

（一）账证核对。核对会计账簿记录与原始凭证、记账凭证的时间、凭证字号、内容、金额是否一致，记账方向是否相符。

（二）账账核对。核对不同会计账簿之间的账簿记录是否相符，包括：总账有关账户的余额核对，总账与明细账核对，总账与日记账核对，会计部门的财产物资明细账与财产物资保管和使用部门的有关明细账核对等。

（三）账实核对。核对会计账簿记录与财产等实有数额是否相符。包括：现金日记账账面余额与现金实际库存数相核对；银行存款日记账账面余额定期与银行对账单相核对；各种财物明细账账面余额与财物实存数额相核对；各种应收、应付款明细账账面余额与有关债务、债权单位或者个人核对等。

第六十四条　各单位应当按照规定定期结账。

（一）结账前，必须将本期内所发生的各项经济业务全部登记入账。

（二）结账时，应当结出每个账户的期末余额。需要结出当月发生额的，应当在摘要栏内注明“本月合计”字样，并在下面通栏划单红线。需要结出本年累计发生额的，应当在摘要栏内注明“本年累计”字样，并在下面通栏划单红线；12 月末的“本年累计”就是全年累计发生额。全年累计发生额下面应当通栏划双红线。年度终了结账时，所有总账账户都应当结出全年发生额和年末余额。

（三）年度终了，要把各账户的余额结转到下一会计年度，并在摘要栏注明“结转下年”字样；在下一会计年度新建有关会计账簿的第一行余额栏内填写上年结转的余额，并在摘要栏注明“上年结转”字样。

第四节　编制财务报告

第六十五条　各单位必须按照国家统一会计制度的规定，定期编制财务报告。

财务报告包括会计报表及其说明。会计报表包括会计报表主表、会计报表附表、会计报表附注。

第六十六条　各单位对外报送的财务报告应当根据国家统一会计制度规定的格式和要求编制。

单位内部使用的财务报告，其格式和要求由各单位自行规定。

第六十七条　会计报表应当根据登记完整、核对无误的会计账簿记录和其他有关资料编制，做到数字真实、计算准确、内容完整、说明清楚。

任何人不得篡改或者授意、指使、强令他人篡改会计报表的有关数字。

第六十八条　会计报表之间、会计报表各项目之间，凡有对应关系的数字，应当相互一致。本期会计报表与上期会计报表之间有关的数字应当相互衔接。如果不同会计年度会计报表中各项目的内容和核算方法有变更的，应当在年度会计报表中加以说明。

第六十九条　各单位应当按照国家统一会计制度的规定认真编写会计报表附注及其说明，做到项目齐全，内容完整。

第七十条　各单位应当按照国家规定的期限对外报送财务报告。

对外报送的财务报告，应当依次编定页码，加具封面，装订成册，加盖公章。封面上应当注明：单位名称，单位地址，财务报告所属年度、季度、月度，送出日期，并由单位领导人、总会计师、会计机构负责人、会计主管人员签名或者盖章。

单位领导人对财务报告的合法性、真实性负法律责任。

第七十一条　根据法律和国家有关规定应当对财务报告进行审计的，财务报告编制单位应当先行委托注册会计师进行审计，并将注册会计师出具的审计报告随同财务报告按照规定的期限报送有关部门。

第七十二条　如果发现对外报送的财务报告有错误，应当及时办理更正手续。除更正本单位留存的财务报告外，并应同时通知接受财务报告的单位更正。错误较多的，应当重新编报。

第四章　会计监督

第七十三条　各单位的会计机构、会计人员对本单位的经济活动进行会计监督。

第七十四条　会计机构、会计人员进行会计监督的依据是：

（一）财经法律、法规、规章；

（二）会计法律、法规和国家统一会计制度；

（三）各省、自治区、直辖市财政厅（局）和国务院业务主管部门根据《中华人民共和国会计法》和国家统一会计制度制定的具体实施办法或者补充规定；

（四）各单位根据《中华人民共和国会计法》和国家统一会计制度制定的单位内部会计管理制度；

（五）各单位内部的预算、财务计划、经济计划、业务计划。

第七十五　条会计机构、会计人员应当对原始凭证进行审核和监督。

对不真实、不合法的原始凭证，不予受理。对弄虚作假、严重违法的原始凭证，在不予受理的同时，应当予以扣留，并及时向单位领导人报告，请求查明原因，追究当事人的责任。

对记载不明确、不完整的原始凭证，予以退回，要求经办人员更正、补充。

第七十六条　会计机构、会计人员对伪造、变造、故意毁灭会计账簿或者账外设账行为，应当制止和纠正；制止和纠正无效的，应当向上级主管单位报告，请求作出处理。

第七十七条　会计机构、会计人员应当对实物、款项进行监督，督促建立并严格执行财产清查制度。发现账簿记录与实物、款项不符时，应当按照国家有关规定进行处理。超出会计机构、会计人员职权范围的，应当立即向本单位领导报告，请求查明原因，作出处理。

第七十八条　会计机构、会计人员对指使、强令编造、篡改财务报告行为，应当制止和纠正；制止和纠正无效的，应当向上级主管单位报告，请求处理。

第七十九条　会计机构、会计人员应当对财务收支进行监督。

（一）对审批手续不全的财务收支，应当退回，要求补充、更正。

（二）对违反规定不纳入单位统一会计核算的财务收支，应当制止和纠正。

（三）对违反国家统一的财政、财务、会计制度规定的财务收支，不予办理。

（四）对认为是违反国家统一的财政、财务、会计制度规定的财务收支，应当制止和纠正；制止和纠正无效的，应当向单位领导人提出书面意见请求处理。

单位领导人应当在接到书面意见起十日内作出书面决定，并对决定承担责任。

（五）对违反国家统一的财政、财务、会计制度规定的财务收支，不予制止和纠正，又不向单位领导人提出书面意见的，也应当承担责任。

（六）对严重违反国家利益和社会公众利益的财务收支，应当向主管单位或者财政、审计、税务机关报告。

第八十条　会计机构、会计人员对违反单位内部会计管理制度的经济活动，应当制止和纠正；制止和纠正无效的，向单位领导人报告，请求处理。

第八十一条　会计机构、会计人员应当对单位制定的预算、财务计划、经济计划、业务计划的执行情况进行监督。

第八十二条　各单位必须依照法律和国家有关规定接受财政、审计、税务等机关的监督，如实提供会计凭证、会计账簿、会计报表和其他会计资料以及有关情况，不得拒绝、隐匿、谎报。

第八十三条　按照法律规定应当委托注册会计师进行审计的单位，应当委托注册会计师进行审计，并配合注册会计师的工作，如实提供会计凭证、会计账簿、会计报表和其他会计资料以及有关情况，不得拒绝、隐匿、谎报；不得示意注册会计师出具不当的审计报告。

第五章　内部会计管理制度

第八十四条　各单位应当根据《中华人民共和国会计法》和国家统一会计制度的规定，结合单位类型和内容管理的需要，建立健全相应的内部会计管理制度。

第八十五条　各单位制定内部会计管理制度应当遵循下列原则：

（一）应当执行法律、法规和国家统一的财务会计制度。

（二）应当体现本单位的生产经营、业务管理的特点和要求。

（三）应当全面规范本单位的各项会计工作，建立健全会计基础，保证会计工作的有序进行。

（四）应当科学、合理，便于操作和执行。

（五）应当定期检查执行情况。

（六）应当根据管理需要和执行中的问题不断完善。

第八十六条　各单位应当建立内部会计管理体系。主要内容包括：单位领导人、总会计师对会计工作的领导职责；会计部门及其会计机构负责人、会计主管人员的职责、权限；会计部门与其他职能部门的关系；会计核算的组织形式等。

第八十七条　各单位应当建立会计人员岗位责任制度。主要内容包括：会计人员的工作岗位设置；各会计工作岗位的职责和标准；各会计工作岗位的人员和具体分工；会计工作岗位轮换办法；对各会计工作岗位的考核办法。

第八十八条　各单位应当建立账务处理程序制度。主要内容包括：会计科目及其明细科目的设置和使用；会计凭证的格式、审核要求和传递程序；会计核算方法；会计账簿的设置；编制会计报表的种类和要求；单位会计指标体系。

第八十九条　各单位应当建立内部牵制制度。主要内容包括：内部牵制制度的原则；组织分工；出纳岗位的职责和限制条件；有关岗位的职责和权限。

第九十条　各单位应当建立稽核制度。主要内容包括：稽核工作的组织形式和具体分工；稽核工作的职责、权限；审核会计凭证和复核会计账簿、会计报表的方法。

第九十一条　各单位应当建立原始记录管理制度。主要内容包括：原始记录的内容和填制方法；原始记录的格式；原始记录的审核；原始记录填制人的责任；原始记录签署；传递、汇集要求。

第九十二条　各单位应当建立定额管理制度。主要内容包括：定额管理的范围；制定和修订定额的依据、程序和方法；定额的执行；定额考核和奖惩办法等。

第九十三条　各单位应当建立计量验收制度。主要内容包括：计量检测手段和方法；计量验收管理的要求；计量验收人员的责任和奖惩办法。

第九十四条　各单位应当建立财产清查制度。主要内容包括：财产清查的范围；财产清查的组织；财产清查的期限和方法；对财产清查中发现问题的处理办法；对财产管理人员的奖惩办法。

第九十五条　各单位应当建立财务收支审批制度。主要内容包括：财务收支审批人员和审批权限；财务收支审批程序；财务收支审批人员的责任。

第九十六条　实行成本核算的单位应当建立成本核算制度。主要内容包括：成本核算的对象；成本核算的方法和程序；成本分析等。

第九十七条　各单位应当建立财务会计分析制度。主要内容包括：财务会计分析的主要内容；财务会计分析的基本要求和组织程序；财务会计分析的具体方法；财务会计分析报告的编写要求等。

第六章　附　则

第九十八条　本规范所称国家统一会计制度，是指由财政部制定、或者财政部与国务院有关部门联合制定、或者经财政部审核批准的在全国范围内统一执行的会计规章、准则、办法等规范性文件。

本规范所称会计主管人员，是指不设置会计机构、只在其他机构中设置专职会计人员的单位行使会计机构负责人职权的人员。

本规范第三章第二节和第三节关于填制会计凭证、登记会计账簿的规定，除特别指出外，一般适用于手工记账。实行会计电算化的单位，填制会计凭证和登记会计账簿的有关要求，应当符合财政部关于会计电算化的有关规定。

第九十九条　各省、自治区、直辖市财政厅（局）、国务院各业务主管部门可以根据本规范的原则，结合本地区、本部门的具体情况，制定具体实施办法，报财政部备案。

第一百条　本规范由财政部负责解释、修改。

第一百零一条　本规范自公布之日起实施。1984 年 4 月 24 日财政部发布的《会计人员工作规则》同时废止。